GRöLS Verlage

„Bücher sind wie Fallschirme. Sie nützen uns nichts, wenn wir sie nicht öffnen."

Gröls Verlag

Redaktionelle Hinweise und Impressum

Das vorliegende Werk wurde zugunsten der Authentizität sehr zurückhaltend bearbeitet. So wurden etwa ursprüngliche Rechtschreibfehler regelmäßig *nicht* behoben, denn kleine Unvollkommenheiten machen das Buch – wie im Übrigen den Menschen – erst authentisch. Mitunter wurden jedoch zum Beispiel Absätze behutsam neu getrennt, um den Lesefluss zu erleichtern.

Um die Texte zu rekonstruieren, werden antiquarische Bücher von Lesegeräten gescannt und dann durch eine Software lesbar gemacht. Der so entstandene Text wird von Menschen gegengelesen und korrigiert – hierbei treten auch Fehler auf. Wenn Sie ebenfalls antiquarische Texte einreichen möchten, finden Sie weitere Informationen auf www.groels.de

Viel Freude bei der Lektüre wünscht Ihnen das Team des Gröls-Verlags.

Adressen

Verleger: Hermann-Josef Gröls,

Im Borngrund 26, 61440 Oberursel

Externer Dienstleister für Distribution & Herstellung:

BoD, In de Tarpen 42, 22848 Norderstedt

Unsere „Edition | Werke der Weltliteratur“ hat den Anspruch, eine der größten und vollständigsten Sammlungen klassischer Literatur in deutscher Sprache zu werden. Nach und nach versammeln wir hier nicht nur die „üblichen Verdächtigen“ von Goethe bis Schiller, sondern auch Kleinode der vergangenen Jahrhunderte, die – zu Unrecht – drohen, in Vergessenheit zu geraten. Wir kultivieren und kuratieren damit einen der wertvollsten Bereiche der abendländischen Kultur. Kleine Auswahl:

Francis Bacon • Neues Organon • **Balzac** • Glanz und Elend der Kurtisanen • **Joachim H. Campe** • Robinson der Jüngere • **Dante Alighieri** • Die Göttliche Komödie • **Daniel Defoe** • Robinson Crusoe • **Charles Dickens** • Oliver Twist • **Denis Diderot** • Jacques der Fatalist • **Fjodor Dostojewski** • Schuld und Sühne • **Arthur Conan Doyle** • Der Hund von Baskerville • **Marie von Ebner-Eschenbach** • Das Gemeindekind • **Elisabeth von Österreich** • Das Poetische Tagebuch • **Friedrich Engels** • Die Lage der arbeitenden Klasse • **Ludwig Feuerbach** • Das Wesen des Christentums • **Johann G. Fichte** • Reden an die deutsche Nation • **Fitzgerald** • Zärtlich ist die Nacht • **Flaubert** • Madame Bovary • **Gorch Fock** • Seefahrt ist not! • **Theodor Fontane** • Effi Briest • **Robert Musil** • Über die Dummheit • **Edgar Wallace** • Der Frosch mit der Maske • **Jakob Wassermann** • Der Fall Maurizius • **Oscar Wilde** • Das Bildnis des Dorian Grey • **Émile Zola** • Germinal • **Stefan Zweig** • Schachnovelle • **Hugo von Hofmannsthal** • Der Tor und der Tod • **Anton Tschechow** • Ein Heiratsantrag • **Arthur Schnitzler** • Reigen • **Friedrich Schiller** • Kabale und Liebe • **Nicolo Machiavelli** • Der Fürst • **Gotthold E. Lessing** • Nathan der Weise • **Augustinus** • Die Bekenntnisse des heiligen Augustinus • **Marcus Aurelius** • Selbstbetrachtungen • **Charles Baudelaire** • Die Blumen des Bösen • **Harriett Stowe** • Onkel Toms Hütte • **Walter Benjamin** • Deutsche Menschen • **Hugo Bettauer** • Die Stadt ohne Juden • **Lewis Caroll** • *und viele mehr….*

Rameaus Neffe

Denis Diderot

Übertragen von Johann Wolfgang Goethe

Rameaus Neffe

Vertumnis, quotquot sunt, natus iniquis
Horat. Liber II. Satyr. VII.

Es mag schön oder häßlich Wetter sein, meine Gewohnheit bleibt auf jeden Fall um fünf Uhr abends im Palais Royal spazierenzugehen. Mich sieht man immer allein, nachdenklich auf der Bank d'Argenson. Ich unterhalte mich mit mir selbst von Politik, von Liebe, von Geschmack oder Philosophie und überlasse meinen Geist seiner ganzen Leichtfertigkeit. Mag er doch die erste Idee verfolgen, die sich zeigt, sie sei weise oder töricht. So sieht man in der Allée de Foi unsre jungen Liederlichen einer Kurtisane auf den Fersen folgen, die mit unverschämtem Wesen, lachendem Gesicht, lebhaften Augen, stumpfer Nase dahingeht; aber gleich verlassen sie diese um eine andre, necken sie sämtlich und binden sich an keine. Meine Gedanken sind meine Dirnen.

Wenn es gar zu kalt oder regnicht ist, flüchte ich mich in den Café de la Régence und sehe zu meiner Unterhaltung den Schachspielern zu. Paris ist der Ort in der Welt, und der Café de la Régence der Ort in Paris, wo man das Spiel am besten spielt. Da, bei Rey, versuchen sich gegeneinander der profunde Légal, der subtile Philidor, der gründliche Mayot. Da sieht man die bedeutendsten Züge, da hört man die gemeinsten Reden. Denn, kann man schon ein geistreicher Mann und ein großer Schachspieler zugleich sein, wie Légal, so kann man auch ein großer Schachspieler und albern zugleich sein, wie Foubert und Mayot.

Eines Nachmittags war ich dort, beobachtete viel, sprach wenig und hörte so wenig als möglich, als eine der wunderlichsten Personnagen zu mir trat, die nur jemals dieses Land hervorbrachte, wo es doch Gott an dergleichen nicht fehlen ließ. Es ist eine Zusammensetzung von Hochsinn und Niederträchtigkeit, von Menschenverstand und Unsinn, die Begriffe vom Ehrbaren und Unehrbaren müssen ganz wunderbar in seinem Kopf durcheinandergehn: denn er zeigt, was ihm die Natur an guten Eigenschaften gegeben hat, ohne Prahlerei, und was sie ihm an schlechten gab, ohne Scham. Übrigens ist er von einem festen Körperbau, einer außerordentlichen Einbildungskraft und einer ungewöhnlichen Lungenstärke. Wenn ihr ihm jemals begegnet, und seine Originalität hält euch nicht fest, so verstopft ihr eure Ohren gewiß mit den Fingern, oder ihr entflieht. Gott, was für schreckliche Lungen!

Und nichts gleicht ihm weniger als er selbst. Manchmal ist er mager und zusammengefallen, wie ein Kranker auf der letzten Stufe der Schwindsucht; man würde seine Zähne durch seine Backen zählen; man sollte glauben, er habe mehrere Tage nichts gegessen, oder er käme aus La Trappe.

Den nächsten Monat ist er feist und völlig, als hätte er die Tafel eines Financiers nicht verlassen, oder als hätte man ihn bei den Bernhardinern in die Kost gegeben. Heute, mit schmutziger Wäsche, mit zerrissenen Hosen, in Lumpen gekleidet und fast ohne Schuhe, geht er mit gebeugtem Haupte, entzieht sich den Begegnenden, man möchte ihn anrufen, ihm Almosen zu geben. Morgen, gepudert, chaussiert, frisiert, wohl angezogen, trägt er den Kopf hoch, er zeigt sich, und ihr würdet ihn beinah für einen ordentlichen Menschen halten.

So lebt er von Tag zu Tag, traurig oder heiter, nach den Umständen. Seine erste Sorge des Morgens, wenn er aufsteht, ist, sich zu bekümmern, wo er zu Mittag speisen wird. Nach Tische denkt er auf eine Gelegenheit zum

Nachtessen, und auch die Nacht bringt ihm neue Sorgen. Bald erreicht er zu Fuß ein kleines Dachstübchen, seine Wohnung, wenn nicht die Wirtin, ungeduldig, den Mietzins länger zu entbehren, ihm den Schlüssel schon abgefodert hat. Bald wirft er sich in eine Schenke der Vorstadt, wo er den Tag zwischen einem Stück Brot und Kruge Bier erwartet. Hat er denn auch die sechs Sous zum Schlafgeld nicht in der Tasche, das ihm wohl manchmal begegnet, so wendet er sich an einen Mietkutscher, seinen Freund, oder an den Kutscher eines großen Herrn, der ihm ein Lager auf Stroh neben seinen Pferden vergönnt. Morgens hat er denn noch einen Teil seiner Matratze in den Haaren. Ist die Jahreszeit gelind, so spaziert er die ganze Nacht auf dem Cours oder den Elyseischen Feldern hin und wider. Mit dem Tage erscheint er sogleich in der Stadt, gekleidet von gestern für heute, und von heute manchmal für den Überrest der Woche.

Dergleichen Originale kann ich nicht schätzen; andre machen sie zu ihren nächsten Bekannten, sogar zu Freunden. Des Jahrs können sie mich einmal festhalten, wenn ich ihnen begegne, weil ihr Charakter von den gewöhnlichen absticht und sie die lästige Einförmigkeit unterbrechen, die wir durch unsre Erziehung, unsre gesellschaftlichen Konventionen, unsre hergebrachten Anständigkeiten eingeführt haben. Kommt ein solcher in eine Gesellschaft, so ist er ein Krümchen Sauerteig, das das Ganze hebt und jedem einen Teil seiner natürlichen Individualität zurückgibt. Er schüttelt, er bewegt, bringt Lob oder Tadel zur Sprache, treibt die Wahrheit hervor, macht rechtliche Leute kenntlich, entlarvt die Schelme, und da horcht ein Vernünftiger zu und sondert seine Leute.

Diesen kannt' ich seit langer Zeit; er kam öfters in ein Haus, wo ihm sein Talent den Eingang verschafft hatte. Die Leute hatten eine einzige Tochter. Er schwur dem Vater und der Mutter, daß er ihre Tochter heiraten würde. Diese zuckten die Achseln, lachten ihm ins Gesicht und versicherten ihm, er sei närrisch. Doch sah ich den Augenblick kommen, wo die Sache gemacht war. Er verlangte von mir einige Taler, die ich ihm gab. Er hatte sich, ich weiß nicht wie, in einigen Häusern eingeschlichen, wo sein Couvert bereitstand, aber man hatte ihm die Bedingung gemacht, er solle niemals ohne Erlaubnis reden. Da schwieg er nun und aß vor Bosheit: es war lustig, ihn in diesem Zwang zu sehen. Sobald er es wagte, den Traktat zu brechen und den Mund aufzutun, sogleich beim ersten Wort riefen alle Gäste: O Rameau! Dann funkelte die Wut in seinen Augen, und er fiel mit neuer Gewalt über das Essen her.

Ihr wart neugierig, den Namen des Mannes zu wissen, da habt ihr ihn. Es ist der Vetter des berühmten Tonkünstlers, der uns von Lullys Kirchengesang gerettet hat, den wir seit hundert Jahren psalmodieren. Ein Vetter des Mannes, der so viel unverständliche Visionen und apokalyptische Wahrheiten über die Theorie der Musik schrieb, wovon weder er noch sonst irgendein Mensch jemals etwas verstanden hat; in dessen Opern man Harmonie findet, einzelne Brocken guten Gesangs, unzusammenhängende Ideen, Lärm, Aufflüge, Triumphe, Lanzen, Glorien, Murmeln und Viktorien, daß den Sängern der Atem ausgehn möchte; des Mannes, der, nachdem er den Florentiner begraben hat, durch italienische Virtuosen wird begraben werden, wie er vorausfühlte, und deshalb mißmutig, traurig und ärgerlich ward. Denn niemand hat bösere Laune, nicht einmal eine hübsche Frau, die morgens eine Blatter auf der Nase gewahr wird, als ein Autor, der sich bedroht sieht, seinen Ruf zu überleben, wie Marivaux und Crébillon, der Sohn, beweisen.

Er tritt zu mir: Ach, mein Herr Philosoph, treff ich Euch auch einmal! Was macht Ihr denn hier unter den Taugenichtsen? Verliert Ihr auch Eure Zeit mit Holzschieben? (So nennt man aus Verachtung das Schach- oder Damenspiel.)

Ich Nein, aber wenn ich nichts Besseres zu tun habe, so ist's eine augenblickliche Unterhaltung, denen zuzusehn, die gut schieben.

Er Also eine seltne Unterhaltung. Nehmt Légal und Philidor aus; die übrigen verstehn nichts.

Ich Und Herr von Bissy, was sagt Ihr zu dem?

Er Der ist als Schachspieler, was Demoiselle Clairon als Schauspielerin ist; beide wissen von diesen Spielen alles, was man davon lernen kann.

Ich Ihr seid schwer zu befriedigen. Ich merke, nur den vorzüglichsten Menschen laßt Ihr Gnade widerfahren.

Er Ja im Schach- und Damenspiel, in der Poesie, Redekunst, Musik und andern solchen Possen. Wozu soll die Mittelmäßigkeit in diesen Fällen?

Ich Beinah geb ich Euch recht. Aber doch müssen sich viele auch auf diese Künste legen, damit der Mann von Genie hervortrete. Er ist dann der eine in der Menge. Aber lassen wir das gut sein. Seit einer Ewigkeit habe ich Euch nicht gesehen. Ich denke niemals an Euch, wenn ich Euch nicht sehe. Aber es freut mich jedesmal, wenn ich Euch wiederfinde. Was habt Ihr gemacht?

Er Das was Ihr, ich und alle die andern machen. Gutes, Böses und nichts. Dann hab ich Hunger gehabt und gegessen, wenn sich dazu Gelegenheit fand. Ferner hatt ich Durst, und manchmal hab ich getrunken; indessen ist mir der Bart gewachsen, und da hab ich mich rasieren lassen.

Ich Daran habt Ihr übel getan: denn der Bart nur fehlt Euch zum Weisen.

Er Freilich! meine Stirn ist groß und runzlich, mein Auge blitzt, die Nase springt vor, meine Wangen sind breit, meine Augenbrauen schwarz und dicht, der Mund wohl gespalten, die Lippen umgeschlagen und das Gesicht viereckt. Wißt Ihr wohl, dieses ungeheure Kinn, wäre es von einem langen Barte bedeckt, es würde sich in Erz oder Marmor recht gut ausnehmen.

"... würde sich in Erz oder Marmor recht gut ausnehmen".

Ich Neben Cäsar, Mark Aurel, Sokrates.

Er Nein, ich stünde lieber zwischen Diogenes und Phryne. Unverschämt bin ich wie der eine, und die andern besuch ich gern.

Ich Ihr befindet Euch immer wohl?

Er Ja, gewöhnlich; aber heute nicht besonders.

Ich Und wie, mit Eurem Silenenbauch, mit einem Gesicht –

Er Einem Gesicht, das man für die Rückseite nehmen könnte. Wißt Ihr, daß böse Laune, die meinen Onkel ausdorrt, wahrscheinlich seinen Neffen fett macht?

Ich Apropos! den Onkel; seht Ihr ihn manchmal?

Er Ja, manchmal auf der Straße vorbeigehn.

Ich Tut er Euch denn nichts Gutes?

Er Tut er jemanden Gutes, so weiß er gewiß nichts davon. Er ist ein Philosoph in seiner Art; er denkt nur an sich, und die übrige Welt ist ihm wie ein Blasebalgsnagel. Seine Tochter und Frau können sterben, wann sie wollen, nur daß ja die Glocken im Kirchsprengel, mit denen man ihnen zu Grabe läutet, hübsch die Duodezime und Septdezime nachklingen, so ist alles recht. Er ist ein glücklicher Mann! und besonders weiß ich an Leuten von Genie zu schätzen, daß sie nur zu*einer* Sache gut sind, drüber hinaus zu nichts. Sie wissen nicht, was es heißt, Bürger, Väter, Mütter, Vettern und Freunde zu sein. Unter uns, man sollte ihnen durchaus gleichen, aber nur nicht wünschen, daß der Same zu gemein würde. Menschen muß es geben, Menschen von Genie nicht. Nein, wahrhaftig nicht! Sie sind's, die unsre Welt umgestalten, und nun ist im Einzelnen die Torheit so allgemein und mächtig, daß man sie nicht ohne Händel verdrängt. Da macht sich's nun zum Teil, wie sich's die Herren eingebildet haben, zum Teil bleibt's, wie es war. Daher kommen die zwei Evangelien, des Harlekins Rock! ... Nein! die Weisheit des Mönchs im Rabelais, das ist die wahre Weisheit für unsre Ruhe und für die Ruhe der andern. Seine Schuldigkeit tun, so gut es gehn will, vom Herrn Prior immer Gutes reden und die Welt gehn lassen, wie sie Lust hat. Sie geht ja gut, denn die Menge ist damit zufrieden. Wüßt ich Geschichte, so wollt ich Euch zeigen, das Übel hier unten ist immer von genialischen Menschen hergekommen; aber ich weiß keine Geschichte, weil ich nichts weiß. Der Teufel hole mich, wenn ich jemals was gelernt habe, und ich befinde mich nicht schlechter deshalb. Ich war eines Tags an der Tafel eines königlichen Ministers, der Verstand für ein Dutzend hat. Er zeigte uns klar, so klar wie zweimal zwei vier ist, daß nichts den Völkern nützlicher sei als die Lüge, nichts aber schädlicher als die Wahrheit. Ich besinne mich nicht mehr auf seine Beweise, aber es folgte sonnenklar daraus, daß die Leute von Genie ganz abscheulich sind und daß man ein Kind, wenn es bei seiner Geburt ein Charakterzeichen dieses gefährlichen Naturgeschenks an der Stirne trüge, sogleich ersticken oder ins Wasser werfen sollte.

Ich Und doch! diese Personen, die vom Genie so übel sprechen, behaupten alle, Genie zu haben.

Er Im stillen schreibt sich's wohl ein jeder zu; aber ich glaube doch nicht, daß sie sich unterstünden, es zu bekennen.

Ich Das geschieht aus Bescheidenheit. Und also habt Ihr einen schrecklichen Haß gegen das Genie gefaßt?

Er Für mein ganzes Leben.

Ich Aber ich erinnre mich wohl der Zeit, da Ihr in Verzweiflung wart, nur ein gemeiner Mensch zu sein. Ihr könnt nie glücklich werden, wenn Euch das eine wie das andre quält. Man sollte seine Partie ergreifen und daran festhalten. Wenn ich Euch auch zugebe, daß die genialischen Menschen gewöhnlich ein wenig sonderbar sind, oder, wie das Sprüchwort sagt, kein großer Geist sich findet ohne einen Gran von Narrheit, so läßt man die Genies doch nicht fahren. Man wird die Jahrhunderte verachten, die keine hervorgebracht haben. Sie werden die Ehre des Volks sein, bei dem sie lebten. Früh oder spät errichtet man ihnen Statuen und betrachtet sie als Wohltäter des Menschengeschlechts. Verzeihe mir der vortreffliche Minister, den Ihr anführt, aber ich glaube, wenn die Lüge einen Augenblick nützen kann, so schadet sie notwendig auf die Länge. Im Gegenteil nutzt die Wahrheit notwendig auf die Länge, wenn sie auch im Augenblick schadet. Daher käm ich in Versuchung, den Schluß zu machen, daß der Mann von Genie, der einen allgemeinen Irrtum verschreit oder einer großen Wahrheit Eingang verschafft, immer ein Wesen ist, das unsre Verehrung verdient. Es kann geschehen, daß dieses Wesen ein Opfer des Vorurteils und der Gesetze wird; aber es gibt zwei Arten Gesetze: die einen sind unbedingt billig und allgemein, die andern wunderlich, nur durch Verblendung oder durch Notwendigkeit der Umstände bestätigt. Diese bedecken den, der sie übertritt, nur mit einer vorübergehenden Schande, einer Schande, die von der Zeit auf die Richter und Nationen zurückgeworfen wird, um ewig an ihnen zu haften. Sokrates oder das Gericht, das ihm den Schierling reichte, wer von beiden ist nun der Entehrte?

Er Das hilft ihm auch was Rechts! Ist er deswegen weniger verdammt worden? Ist sein Todesurteil weniger vollzogen? War er nicht immer ein unruhiger Bürger, und indem er ein schlechtes Gesetz verachtete, hat er nicht die Narren zur Verachtung der guten angeregt? War er nicht ein kühner und wunderlicher Mann, und seid Ihr nicht ganz nah an einem Geständnis, das den Männern von Genie wenig günstig ist?

Ich Hört mich, lieber Mann, eine Gesellschaft sollte keine schlechten Gesetze haben. Hätte sie nur gute, sie käme niemals in Gefahr, einen Mann von Genie zu verfolgen. Ich habe nicht zugegeben, daß das Genie unauflöslich mit der Bosheit verbunden sei, noch die Bosheit mit dem Genie. Ein Tor ist öfter ein Bösewicht als ein Mann von Geist. Wäre nun auch ein Mann von Genie gewöhnlich in der Unterhaltung hart, rauh, schwer zu behandeln, unerträglich, wäre er auch ein Bösewicht, was wolltet Ihr daraus folgern?

Er Daß man ihn ersäufen sollte.

Ich Sachte, lieber Freund! So sagt mir doch! Nun ich will nicht Euern Onkel zum Beispiel nehmen, das ist ein harter und roher Mann, ohne Menschlichkeit, geizig, ein schlechter Vater, schlechter Gatte, schlechter Onkel; und dabei ist es noch nicht einmal ganz entschieden, daß er ein Mann von Genie sei, daß er es in seiner Kunst sehr weit gebracht habe, daß man sich in zehn Jahren noch um seine Werke bekümmern werde. Aber Racine, der hatte doch Genie und galt nicht für den besten Mann. Aber Voltaire?

Er Drängt mich nicht: denn ich weiß zu folgern.

Ich Was würdet Ihr nun vorziehen, daß Racine ein guter Mann gewesen wäre, völlig eins mit seinem Comptoir wie Briasson, oder mit seiner Elle wie Barbier, ein Mann, der regelmäßig alle Jahre seiner Frau ein rechtmäßiges Kind macht, guter Gatte, guter Vater, guter Onkel, guter Nachbar, ehrlicher Handelsmann und nichts weiter; oder daß er schelmisch, verräterisch, ehrgeizig, neidisch gewesen wäre, aber Verfasser von "Andromache", "Britannicus", "Iphigenia", "Phädra" und "Athalia"?

Er Hätte er zu der ersten Art gehört, das möchte für ihn das beste gewesen sein.

Ich Das ist sogar unendlich wahrer, als Ihr selbst nicht empfindet.

Er Ja so seid ihr andern! Wenn wir etwas Gutes sagen, so soll es, wie bei Narren und Schwärmern, der Zufall getan haben. Ihr andern nur versteht euch selbst. Ja, Herr Philosoph, ich verstehe mich und verstehe mich ebensogut, als Ihr Euch versteht.

Ich Nun, so laßt sehen, warum denn für ihn?

Er Darum, weil alle die schönen Sachen, die er da gemacht hat, ihm nicht zwanzigtausend Franken eingetragen haben. Wäre er ein guter Seidenhändler in der Straße St. Denis oder St. Honoré gewesen, ein guter Materialienhändler im großen, ein besuchter Apotheker, da hätte er ein großes Vermögen zusammengebracht und dabei alle Arten Vergnügen genossen. Er hätte von Zeit zu Zeit einem armen Teufel von Lustigmacher, wie mir, ein Goldstück gegeben, und man hätte ihn zu lachen gemacht, man hätte ihm gelegentlich ein hübsches Mädchen verschafft, um eine ewige langweilige Beiwohnung bei seiner Ehefrau zu unterbrechen. Wir hätten bei ihm vortrefflich gegessen, großes Spiel gespielt, vortrefflichen Wein getrunken, vortreffliche Liköre, vortrefflichen Kaffee, man hätte Landfahrten gemacht. Ihr seht doch, daß ich mich darauf verstehe. Ihr lacht? Schon gut! Nur werdet Ihr doch zugeben, so wäre es auch besser für seine Umgebungen gewesen.

Ich Ganz gewiß. Nur mußte er den durch ein rechtmäßiges Gewerbe errungenen Reichtum nicht auf eine schlechte Weise verwenden. Alle die Spieler mußte er von seinem Hause entfernen, alle diese Schmarotzer, alle diese süßlichen Jaherrn, alle diese Windbeutel, diese unnützen, verkehrten

Menschen. Mit Stockprügeln mußte er durch seine Lehrburschen den dienstbaren Gefälligen totschlagen lassen, der, durch eine saubere Mannigfaltigkeit, den Ehemann von dem Abgeschmack einer einförmigen Beiwohnung zu retten sucht.

Er Totschlagen? Herr, totschlagen? Niemanden schlägt man tot in einer wohl polizierten Stadt. Es ist eine ehrbare Beschäftigung; viele Personen, sogar mit Titeln, schämen sich ihrer nicht. Und wozu in's Teufels Namen soll man denn sein Geld verwenden, als auf einen guten Tisch, gute Gesellschaft, gute Weine, schöne Weiber, Vergnügen von allen Farben, Unterhaltungen aller Art? Ebenso gern möchte ich ein Bettler sein, als ein großes Vermögen ohne diese Genüsse zu besitzen. Nun aber wieder von Racine. Dieser Mann taugte nur für die Unbekannten, für die Zeit, wo er nicht mehr war.

Ich Ganz recht! Aber wägt einmal das Gute und das Böse. In tausend Jahren wird er Tränen entlocken, er wird in allen Ländern der Erde bewundert werden, Menschlichkeit wird er einflößen, Mitleiden, Zärtlichkeit. Man wird fragen, wer er war, woher gebürtig, man wird Frankreich beneiden. Einige Wesen haben durch ihn gelitten, die nicht mehr sind, an denen wir beinahe keinen Teil nehmen. Wir haben nichts mehr zu fürchten, weder von seinen Lastern noch von seinen Fehlern. Besser war es freilich gewesen, wenn die Natur zu den Talenten eines großen Mannes auch die Gesinnungen des Rechtschaffenen gegeben hätte. Er war ein Baum, der einige in seiner Nachbarschaft gepflanzte Bäume verdorren machte, der die Pflanzen erstickte, die zu seinen Füßen wuchsen; aber seinen Gipfel hat er bis in die Wolken erhoben, seine Äste sind weit verbreitet, seinen Schatten hat er denen gegönnt, die kommen und kommen werden, um an seinem majestätischen Stamm zu ruhen. Früchte des feinsten Geschmacks hat er hervorgebracht und die sich immer erneuern. Freilich könnte man wünschen, auch Voltaire wäre so sanft wie Duclos, so offen wie der Abbé Trublet, so gerade wie der Abbé d'Olivet; aber, da das nun einmal nicht sein kann, so laßt uns die Sache von der wahrhaft interessanten Seite betrachten. Laßt uns einen Augenblick den Punkt vergessen, wo wir im Raum und in der Zeit stehen. Verbreiten wir unsern Blick über künftige Jahrhunderte, entfernte Regionen, künftige Völker; denken wir an das Wohl unserer Gattung, und wenn wir hierzu nicht groß genug sind, verzeihen wir wenigstens der Natur, daß sie weiser war als wir. Gießt auf Greuzens Kopf kaltes Wasser, vielleicht löscht Ihr sein Talent mit seiner Eitelkeit zugleich aus. Macht Voltairen unempfindlicher gegen den Tadel, und er vermag nicht mehr in die Seele Meropens hinabzusteigen, Euch nicht mehr zu rühren.

Er Aber wenn die Natur so mächtig als weise war, warum machte sie diese Männer nicht ebenso gut als groß?

Ich Seht Ihr denn aber nicht, daß mit solchen Foderungen Ihr die Ordnung des Ganzen umwerft: denn wäre hierunten alles vortrefflich, so gab es nichts Vortreffliches.

Er Ihr habt recht: denn darauf kommt es doch hauptsächlich an, daß wir beide da seien, Ihr und ich, und daß wir eben Ihr und ich seien: das andre mag gehen, wie es kann. Die beste Ordnung der Dinge, scheint mir, ist immer die, worein ich auch gehöre, und hole der Henker die beste Welt, wenn ich nicht dabei sein sollte. Lieber will ich sein, und selbst ein impertinenter Schwätzer sein, als nicht sein.

"Die beste Ordnung der Dinge, scheint mir, ist immer die, worein ich auch gehöre ..."

Ich Jeder denkt wie Ihr, und doch will jeder an der Ordnung der Dinge, wie sie sind, etwas aussetzen, ohne zu merken, daß er auf sein eigen Dasein Verzicht tut.

Er Das ist wahr.

Ich Nehmen wir darum die Sachen, wie sie sind, bedenken wir, was sie uns kosten und was sie uns eintragen, und lassen wir das Ganze, das wir nicht genug kennen, um es zu loben oder zu tadeln, und das vielleicht weder böse noch gut ist, wenn es notwendig ist, wie viele Leute sich einbilden.

Er Von allem, was Ihr da vorbringt, verstehe ich nicht viel. Wahrscheinlich ist es Philosophie, und ich muß Euch sagen, damit gebe ich mich nicht ab. So ganz, wie ich bin, möchte ich wohl gern ein anderer sein, selbst auf die Gefahr, ein Mann von Genie zu werden, ein großer Mann. Ja! gesteh ich's nur, hier ist etwas, das mir es sagt! Ich habe niemals einen dergleichen loben hören, daß mich dieses Lob nicht heimlich rasend gemacht hätte. Neidisch bin ich. Wenn ich etwas von ihrem Privatleben vernehme, das sie heruntersetzt, das hör ich mit Vergnügen, das nähert uns einander, und ich ertrage leichter meine Mittelmäßigkeit. Ich sage mir: Freilich, du hättest niemals "Mahomet" oder die Lobrede auf Maupeou schreiben können. Und so war, so bin ich voller Verdruß, mittelmäßig zu sein. Ja ja, mittelmäßig bin ich und verdrießlich. Niemals habe ich die Ouvertüre der "Galanten Indien" spielen hören, niemals singen hören: *Profonds abymes du Ténare, nuit, éternelle nuit,* ohne mir mit Schmerzen zu sagen, dergleichen wirst du nun niemals machen. Und so war ich denn eifersüchtig auf meinen Onkel, und fänden sich bei seinem Tod einige gute Klavierstücke in seinem Portefeuille, so würde ich mich nicht bedenken, ich zu bleiben und er zu sein.

Ich Ist's weiter nichts als das, was Euch verdrießt, das ist doch nicht sehr der Mühe wert.

Er Nichts, nichts! Das sind Augenblicke, die vorübergehen. (Dann sang er die Ouvertüre der "Galanten Indien", die Arie*Profonds abymes* und fuhr fort:) Da seht! das Etwas, das hier an mich spricht, sagt mir: Rameau, du möchtest gern die beiden Stücke gemacht haben; hättest du die beiden Stücke gemacht, du machtest mehr dergleichen. Hättest du eine gewisse Anzahl gemacht, so spielte man dich, so sänge man dich überall. Du könntest mit aufgehobenem Kopfe gehen, dein Gewissen würde von deinem eigenen Verdienste zeugen. Die andern wiesen mit Fingern auf dich. Das ist der, sagte man, der die artigen Gavotten gemacht hat. (Nun sang er die Gavotten. Dann mit der Miene eines gerührten Mannes, der in Freude schwimmt, dem die Augen feucht werden, rieb er sich die Hände und sprach:) Du hättest ein gutes Haus (er streckte die Arme aus, um die Größe zu bezeichnen), ein gutes Bett (er sank nachlässig darauf hin), gute

Weine (er schien sie zu kosten, indem er mit der Zunge am Gaumen klatschte), Kutsch und Pferde (er hob den Fuß auf hineinzusteigen), hübsche Weiber (er umfaßte sie schon und blickte sie wollüstig an). Hundert Lumpenhunde kämen täglich mich zu beräuchern. (Er glaubte sie um sich zu sehen. Er sah Palissot, Poinsinet, die Frérons, Vater und Sohn, La Porte, er hörte sie an, brüstete sich, billigte, lächelte, verschmähte, verachtete sie, jagte sie fort und rief sie zurück. Dann sprach er weiter:) So sagte man dir morgens, daß du ein großer Mann bist, so läsest du in der "Geschichte der drei Jahrhunderte", daß du ein großer Mann bist: du wärst abends überzeugt, daß du ein großer Mann bist, und der große Mann Rameau, der Vetter, schliefe bei dem sanften Geräusch des Lobes ein, das um sein Ohr säuselte. Selbst schlafend würde er eine zufriedene Miene zeigen, seine Brust erweiterte sich, er holte mit Bequemlichkeit Atem, er schnarchte wie ein großer Mann. Und als er das sagte, ließ er sich weichlich auf einen Sitz nieder, schloß die Augen und ahmte den glücklichen Schlaf nach, den er sich vorgebildet hatte. Nach einigen Augenblicken eines solchen süßen Ruhegenusses wachte er auf, streckte die Arme, gähnte, rieb sich die Augen und suchte seine abgeschmackten Schmeichler noch um sich her.

Ich So glaubt Ihr, daß der Glückliche ruhig schläft?

Er Ob ich's glaube? Ich armer Teufel, wenn ich abends mein Dachstübchen erreicht habe, wenn ich auf mein Lager gekrochen, unter meiner Decke kümmerlich zusammengeschroben bin, dann ist meine Brust enge, das Atemholen schwach, es ist eine Art von leiser Klage, die man kaum vernimmt, anstatt daß ein Financier sein Schlafgemach erschüttert und die ganze Straße in Erstaunen setzt. Aber was mich heute betrübt, ist nicht, daß ich nur kümmerlich schlafe und schnarche.

Ich Traurig ist's immer.

Er Was mir begegnet, ist noch viel trauriger.

Ich Und was?

Er Ihr habt an mir immer einigen Anteil genommen, weil ich ein armer Teufel bin, den Ihr im Grund verachtet, aber der Euch unterhält.

Ich Das ist wahr.

Er So laßt Euch sagen.

Ehe er anfängt, seufzt er tief, bringt seine beiden Hände vor die Stirne, dann beruhigt er seine Gesichtszüge und sagt:

Ihr wißt, ich bin unwissend, töricht, närrisch, unverschämt, (was man bei uns in Burgund einen ausgemachten Schlingel nennt) gaunerisch, gefräßig.

Ich Welche Lobrede!

Er Sie ist durchaus wahr. Kein Wort ist abzudingen, keinen Widerspruch deshalb, ich bitt' Euch. Niemand kennt mich besser als ich selbst, und ich sage nicht alles.

Ich Euch nicht zu erzürnen, stimme ich mit ein.

Er Nun denkt, ich lebte mit Personen, die mich eben sehr wohl leiden konnten, weil ich auf einen hohen Grad diese Eigenschaften sämtlich besaß.

Ich Das ist doch wunderbar. Bisher glaubte ich, man verbärge sie vor sich selbst, oder man verziehe sie sich, aber man verachte sie an andern.

Er Sie sich verbergen, könnte man das? Seid gewiß, wenn Palissot allein ist und sich selbst betrachtet, sagt er sich ganz andre Sachen. Seid gewiß, sein Kollege und er, einander gegenüber, bekennen sich offenherzig, daß sie zwei gewaltige Schurken sind. An andern diese Eigenschaften verachten? Meine Leute waren viel billiger, und mir ging es vortrefflich bei ihnen. Ich war der Hahn im Korbe. Abwesend ward ich gleich vermißt; man hätschelte mich. Ich war ihr kleiner Rameau, ihr artiger Rameau, ihr Rameau der Narr, der Unverschämte, der Unwissende, der Faule, der Fresser, der Schalksnarr, das große Tier. Jedes dieser Beiwörter galt mir ein Lächeln, eine Liebkosung, einen kleinen Schlag auf die Achsel, eine Ohrfeige, einen Fußtritt, bei Tafel einen guten Bissen, den man mir auf den

Teller warf, nach Tische eine Freiheit, die ich mir nahm, als wenn es nichts bedeutete: denn ich bin ohne Bedeutung. Man macht aus mir, von mir, mit mir alles, was man will, ohne daß es mir auffällt. Die kleinen Geschenke, die mir zuregneten – dummer Hund, der ich bin! das habe ich alles verloren. Alles habe ich verloren, weil ich einmal Menschenverstand hatte, ein einziges Mal in meinem Leben. Ach, wenn mir das jemals wieder begegnet!

Ich Wovon war denn die Rede?

(**Er** Es ist eine unvergleichliche, unbegreifliche, unverzeihliche Narrheit.

Ich Und was für eine Narrheit noch?)

Er Rameau, Rameau! hatte man dich deshalb aufgenommen? welche Narrheit, ein bißchen Geist, ein bißchen Vernunft zu haben! Rameau, mein Freund, das wird dich lehren, das zu bleiben, wozu Gott dich gemacht hat und wie deine Beschützer dich haben wollen. Nun hat man dich bei den Schultern genommen, dich zur Türe geführt und gesagt: Fort, Schuft, laß dich nicht wieder sehen! Das will Sinn haben, glaub ich, will Vernunft haben? Fort mit dir! Dergleichen haben wir übrig. Nun gingst du und bissest in die Finger. In die verfluchte Zunge hättest du vorher beißen sollen. Warum warst du nicht klüger? Nun bist du auf der Gasse, ohne einen Pfennig, und weißt nicht wohin.

Du warst genährt, Mund, was begehrst du? und nun halte dich wieder an die Höken. Gut logiert, und überglücklich wirst du nun sein, wenn man dich wieder ins Dachstübchen läßt; wohl gebettet warst du, und Stroh erwartet dich wieder zwischen dem Kutscher des Herrn von Soubise und Freund Robbé. Statt eines sanften und ruhigen Schlafs hörst du mit einem Ohr das Wiehern und Stampfen der Pferde, und mit dem andern das tausendmal unerträglichere Geräusch trockner, harter, barbarischer Verse. Unglücklich, übel beraten; von tausend Teufeln besessen.

"Stroh erwartet dich wieder, zwischen dem Kutscher des Herrn von Soubise und Freund Robbé."

Ich Aber gab es denn kein Mittel, Euch wieder zurückzuführen? Ist denn Euer Fehler so groß, so unverzeihlich? An Euerm Platz suchte ich meine Leute wieder auf. Ihr seid ihnen viel nötiger, als Ihr glaubt.

Er O gewiß! Jetzt, da ich sie nicht lachen mache, haben sie Langeweile wie die Hunde.

Ich So ging' ich wieder hin. Ich ließ' ihnen keine Zeit, mich entbehren zu lernen, sich an ehrbare Unterhaltung zu gewöhnen: denn wer weiß, was geschehn kann.

Er Das fürchte ich nicht, das kann nicht geschehen.

Ich So vortrefflich Ihr auch sein mögt, ein andrer kann Euch ersetzen.

Er Schwerlich!

Ich Das sei! Aber ich ginge doch mit diesem entstellten Gesicht, diesem verirrten Blick, diesem losen Hals, diesen zerzausten Haaren, in diesem wahrhaft tragischen Zustand, wie Ihr da steht. Ich würfe mich zu den Füßen der Gottheit, und ganz gebückt sagte ich mit leiser, schluchzender Stimme: Vergebung, Madame, Vergebung! ich bin ein Unwürdiger, ein Nichtswürdiger. Es war ein unglücklicher Augenblick: denn Ihr wißt, es begegnet mir niemals, Menschenverstand zu haben, und ich verspreche Euch, es soll in meinem ganzen Leben nicht wieder geschehen. Lustig war es anzusehen, wie er, unterdessen ich so sprach, die Pantomime dazu spielte. Er hatte sich niedergeworfen, sein Gesicht an die Erde gedrückt, er schien mit beiden Händen die Spitze eines Pantoffels zu halten, er weinte, er schluchzte, er sagte: Ja, meine kleine Königin, ja das versprech ich, in meinem ganzen Leben soll mir's nicht wieder begegnen. Dann sprang er auf und sagte mit ernstem und bedächtigem Ton:

Er Ja, Ihr habt recht, das ist wohl das beste. Herr Viellard sagt, sie sei so gut; ich weiß wohl, daß sie es ist; aber sich vor einer solchen Meerkatze zu erniedrigen, eine kleine, elende Komödiantin um Barmherzigkeit anzuflehen, eine Kreatur, die dem Pfeifen des Parterres nicht ausweichen kann – *ich*, Rameau, Sohn des Herrn Rameau, Apothekers von Dijon, ich, ein rechtlicher Mann, der niemals das Knie vor irgend jemand gebeugt hat, ich, Rameau, der Vetter dessen, den man den großen Rameau nennt, dessen, der nun grade und strack und mit freier Bewegung der Arme im Palais Royal spazierengeht, seitdem ihn Herr Carmontelle gezeichnet hat, wie er gebückt und die Hände unter den Rockschößen sonst einherschlich; ich, der ich Stücke fürs Klavier gesetzt habe, die niemand spielt, aber die vielleicht allein auf die Nachwelt kommen, die sie spielen wird, ich, genug, ich! gehen sollt ich? Nein, Herr, das geschieht nicht! (Nun legte er seine rechte Hand auf die Brust und fuhr fort:) Hier fühle ich etwas, das sich regt, das mir sagt: Rameau, das tust du nicht. Es muß doch eine gewisse Würde mit der menschlichen Natur innig verknüpft sein, die niemand ersticken kann. Das wacht nun einmal auf, um nichts und wieder nichts, ja um nichts und wieder nichts: denn es gibt andre Tage, da mich's gar nichts kostete, so niederträchtig zu sein, als man wollte, Tage, wo ich für einen Pfennig der kleinen Hus den H-n geküßt hätte.

Ich Ei, mein Freund! sie ist weiß, niedlich, jung, fettlich. Zu so einer Demutshandlung könnte sich wohl einer entschließen, der delikater wäre als Ihr.

Er Verstehn wir uns. Es ist ein Unterschied zwischen H-n küssen. Es gibt ein eigentliches und ein figürliches. Fragt nur den dicken Bergier, er küßt Madame de la M- den H-n im eigentlichen und figürlichen Sinne, und wahrhaftig, das Eigentliche und Figürliche würde mir da gleich schlecht gefallen.

Er Behagt Euch das Mittel nicht, das ich Euch angebe, so habt doch den Mut, ein Bettler zu sein.

Ich Es ist hart, ein Bettler sein, indessen es so viel reiche Toren gibt, auf deren Unkosten man leben kann, und dann sich selbst verachten zu müssen ist doch auch unerträglich.

Ich Und kennt Ihr denn dieses Gefühl?

Er Ob ich es kenne? Wie oft habe ich mir gesagt: Wie, Rameau, es gibt zehntausend gute Tafeln zu Paris, zu fünfzehn bis zwanzig Gedecken eine jede, und von allen diesen Gedecken ist keins für dich? (Beutel voller Gold gibt es, die man nach allen Seiten schüttet, und es fällt kein Stück davon auf dich!) Tausend kleine Schöngeister ohne Talent, ohne Verdienst, tausend kleine Kreaturen ohne Reize, tausend platte Intrigants sind gut gekleidet, und du liefest nackend herum, so unfähig wärst du? Wie, du solltest nicht schmeicheln können wie ein andrer, nicht lügen, schwören, falsch schwören, versprechen, halten oder nicht halten wie ein andrer? Solltest du nicht können auf vier Füßen kriechen wie ein andrer? Solltest du nicht den Liebeshandel der Frau begünstigen und das Briefchen des Mannes bestellen können wie ein andrer? (Solltest du nicht diesen jungen Mann ermuntern können, das Fräulein anzusprechen, und das Fräulein überreden, ihn zu erhören, wie ein anderer?) Solltest du nicht einem hübschen Bürgermädchen begreiflich machen, daß sie übel angezogen ist, daß zierliche Ohrgehänge, ein wenig Schminke, Spitzen und ein Kleid nach polnischem Schnitt sie zum Entzücken kleiden würden? daß diese kleinen Füßchen nicht gemacht sind über die Straße zu gehen, daß ein hübscher Mann jung und reich sich finde, mit galoniertem Kleid, prächtiger Equipage, sechs großen Lakaien, der sie im Vorbeigehen gesehn habe, der sie liebenswürdig finde, der seit dem Tage weder essen noch trinken könne, der nicht mehr schlafe, der daran sterben werde? – Aber mein Vater? – Nun nun, Euer Vater, der wird anfangs ein wenig böse sein. – Und meine Mutter? die mir so sehr empfiehlt, ein ehrbares Mädchen zu bleiben, die mir immer sagt, über die Ehre gehe nichts in der Welt – Alte Redensarten, die nichts heißen wollen – Und mein Beichtvater? – Den seht Ihr nicht mehr, oder wenn Ihr auf der Grille besteht, ihm die Geschichte Eures Zeitvertreibs zu erzählen, so kostet es Euch einige Pfunde Zucker und Kaffee – Es ist ein strenger Mann, der mir schon wegen des Liedchens "*Komm in meine Zelle*" die Absolution verweigert hat – Nur weil Ihr ihm nichts zu geben hattet. Aber wenn Ihr vor ihm in Spitzen erscheint – Spitzen also soll ich haben? – Gewiß! und von aller Art! mit brillantenen Ohrgehängen – Brillantene Ohrgehänge? – Ja! – Wie die Marquise, die manchmal bei uns Handschuhe kauft? – Völlig so. In einer schönen Equipage mit Apfelschimmeln, zwei Bediente, ein kleiner Mohr hintendrauf und ein Laufer voraus; Schminke, Schönpflästerchen und die Schleppe vom Diener getragen – Zum Ball? – Zum Ball, zur Oper, zur

Komödie. – Schon schlägt ihr das Herz vor Freude. Nun spiel mit dem Papier zwischen den Fingern. – Was ist das? – Nichts, gar nichts. – Ich dächte doch – ein Billett – Und für wen? – Für Euch, wenn Ihr ein bißchen neugierig seid – Neugierig? ich bin es gar sehr, laßt sehn – Sie liest. – Eine Zusammenkunft? Das geht nicht – Wenn Ihr in die Messe geht – Mama begleitet mich immer. Aber wenn er ein bißchen früh käme. Ich stehe immer zuerst auf und bin von allen zuerst im Comptoir. – Er kommt, er gefällt, und ehe man sich's versieht, zwischen Licht und Dunkel, verschwindet die Kleine, man bezahlt mir meine zweitausend Taler. Und ein solches Talent besitzest du ebensogut, und dir fehlt's an Brot? Schämst du dich nicht, Unglücklicher? Da erinnerte ich mich eines Haufens Schelme, die mir nicht an den Knorren reichten, strotzend von Vermögen. Ich ging im Surtout von Baracan; sie waren mit Samt bedeckt, sie lehnten sich auf ein Rohr mit goldenem Schnabelknopfe, sie haben Aristoteles und Plato am Finger. Und was waren sie früher? die elendesten Lumpenhunde; jetzt sind sie eine Art Herren. Auf einmal fühlte ich mir Mut, die Seele erhoben, den Geist subtil und fähig zu allem.

Aber diese glücklichen Dispositionen dauern, scheint es, nicht lange: denn bis jetzt habe ich keinen besondern Weg machen können. Dem sei, wie ihm wolle, dies ist der Text zu meinen öftern Selbstgesprächen. Paraphrasiert sie nach Belieben, nur ziehet mir den Schluß daraus, daß ich die Verachtung meiner selbst kenne, diese Qual des Gewissens, wenn wir die Gaben, die uns der Himmel schenkte, unbenutzt ruhen lassen. Es wäre fast ebensogut nicht geboren zu sein.

"Solltest du nicht einem hübschen Bürgermädchen begreiflich machen ..."

Ich hörte ihm zu, und als er diese Szene des Verführers und des jungen Mädchens vortrug, fühlte ich mich von zwei entgegengesetzten Bewegungen getrieben: ich wußte nicht, ob ich mich der Lust zu lachen oder dem Trieb zur Verachtung hingeben sollte. Ich litt. Ich war betroffen von so viel Geschick und so viel Niedrigkeit, von so richtigen und wieder falschen Ideen, von einer so völligen Verkehrtheit der Empfindung, einer so vollkommenen Schändlichkeit und einer so seltnen Offenheit. Er bemerkte den Streit, der in mir vorging, und fragte: Was habt Ihr?

Ich Nichts.

Er Ihr scheint verwirrt.

Ich Ich bin es auch.

Er Aber was ratet Ihr mir denn?

Ich Von etwas anderm zu reden. Unglücklicher! zu welchem verworfenen Zustand seid Ihr geboren oder verleitet.

Er Ich gesteh's. Aber laßt Euch meinen Zustand nicht allzusehr zu Herzen gehn; indem ich mich Euch eröffnete, war es meine Absicht nicht, Euch weh zu tun. Ich habe mir bei diesen Leuten etwas gespart.

Bedenkt, daß ich gar nichts brauchte, ganz und gar nichts, und daß man mir für kleine Vergnügen noch so viel zulegte ...

Hier findet sich im Manuskript eine Lücke (...)

Da fing er an, die Stirne sich mit der Faust zu schlagen, die Lippe zu beißen und mit verwirrtem Blick an der Decke herzusehen. Dabei rief er aus: Nein, die Sache ist richtig; etwas habe ich beiseite gebracht, die Zeit ist vergangen, und das ist so viel gewonnen.

Ich Verloren wollt Ihr sagen.

Er Nein, nein! gewonnen! Jeden Augenblick wird man reicher. Ein Tag weniger zu leben oder ein Taler mehr ist ganz eins. Der Hauptpunkt im Leben ist doch nur, frei, leicht, angenehm, häufig alle Abende auf den Nachtstuhl zu gehn. O stercus pretiosum! das ist das große Resultat des Lebens in allen Ständen. Im letzten Augenblick hat einer so viel als der andre, Samuel Bernard, der mit Rauben, Plündern, Bankerottmachen siebenundzwanzig Millionen in Gold zusammenbringt und zurückläßt, so gut als Rameau, der nichts zurückläßt, Rameau, dem die Wohltätigkeit das Leichentuch schaffen wird, womit man ihn einwickelt. Der Tote hört kein Glockengeläut; umsonst singen sich hundert Pfaffen heiser um seinetwillen; umsonst ziehen lange Reihen von brennenden Kerzen vor ihm und hinterher; seine Seele schreitet nicht neben dem Zeremonienmeister. Unter dem Marmor faulen oder unter der Erde, ist immer faulen. Um seinen Sarg rote und blaue Kinder oder niemand haben, was ist daran gelegen? Und dann sehet diese Faust an, sie war strack wie ein Teufel, diese zehn Finger, zehn Stäbe in eine hölzerne Handwurzel befestigt, diese Sehnen, alte Darmsaiten, trockener, straffer, unbiegsamer als die an einem Drechselersrad gedient haben. Aber ich habe sie so gequält, so geknickt, so gebrochen. Du willst nicht gehen, und ich, bei Gott! ich sage dir, gehen sollst du, und so soll's werden.

Und wie er das sagte, hatte er mit der rechten Hand die Finger und die Handwurzel der Linken gefaßt, er riß sie herauf und herunter, die Fingerspitzen berührten den Arm, die Gelenke krachten, und ich fürchtete, er würde sich die Knochen verrenken.

Ich Nehmt Euch in acht, Ihr tut Euch Schaden.

Er Fürchtet nichts, das sind sie gewohnt. Seit zehn Jahren habe ich ihnen schon anders aufzuraten gegeben. So wenig sie dran wollten, haben die Schufte sich doch gewöhnen müssen, sie haben lernen müssen, die Tasten zu treffen und auf den Saiten herumzuspringen. Aber jetzt geht's auch, jetzt geht's.

Sogleich nimmt er die Stellung eines Violinspielers an. Er summt mit der Stimme ein Allegro von Locatelli; sein rechter Arm ahmt die Bewegung des Bogens nach, die Finger seiner linken Hand scheinen sich auf dem Hals der Violine hin und her zu bewegen. Bei einem falschen Ton hält er inne, stimmt die Saite und kneipt sie mit dem Nagel, um gewiß zu sein, daß der Ton rein ist. Dann nimmt er das Stück wieder auf, wo er es gelassen hat. Er tritt den Takt, zerarbeitet sich mit dem Kopfe, den Füßen, den Händen, den Armen, dem Körper, wie ihr manchmal im Concert spirituel Ferrari oder Chiabran oder einen andern Virtuosen in solchen Zuckungen gesehen habt, das Bild einer ähnlichen Marter vorstellend und uns ohngefähr denselben Schmerz mitteilend. Denn ist es nicht eine schmerzliche Sache, an demjenigen nur die Marter zu schauen, der bemüht ist, uns das

Vergnügen auszudrücken? Zieht einen Vorhang zwischen mich und diesen Menschen, damit ich ihn wenigstens nicht sehe, wenn er sich nun einmal wie ein Verbrecher auf der Folterbank gebärden muß.

Aber in der Mitte solcher heftigen Bewegungen und solches Geschreis veränderte mein Mann sein ganzes Wesen bei einer harmonischen Stelle, wo der Bogen sanft auf mehreren Saiten stirbt. Auf seinem Gesicht verbreitete sich ein Zug von Entzücken. Seine Stimme ward sanfter, er behorchte sich mit Wollust. Ich glaubte so gut die Akkorde zu hören als er. Dann schien er sein Instrument mit der Hand, in der er's gehalten hatte, unter den linken Arm zu nehmen, die Rechte mit dem Bogen ließ er sinken und sagte: Nun, was denkt Ihr davon?

Ich Vortrefflich!

Er Das geht so, dünkt mich. Das klingt ohngefähr wie bei den andern.

Alsbald kauerte er, wie ein Tonkünstler, der sich vors Klavier setzt. Ich bitte um Gnade für Euch und für mich, sagte ich.

Er Nein, nein! weil ich Euch einmal festhalte, sollt Ihr mich auch hören. Ich verlange keinen Beifall, den man gibt, ohne zu wissen, warum. Ihr werdet mich mit mehr Sicherheit loben, und das verschafft mir einen Schüler mehr.

Ich Ich habe so wenig Bekanntschaft, und Ihr ermüdet Euch ganz umsonst.

Er Ich ermüde niemals.

Da sah ich, daß mich der Mann vergebens dauerte: denn die Sonate auf der Violine hatte ihn ganz in Wasser gesetzt, so ließ ich ihn eben gewähren. Da sitzt er nun vor dem Klaviere mit gebogenen Knien, das Gesicht gegen die Decke gewendet, man hätte geglaubt, da oben sähe er eine Partitur. Nun sang er, präludierte, exekutierte ein Stück von Alberti oder Galuppi, ich weiß nicht von welchem. Seine Stimme ging wie der Wind, und seine Finger flatterten über die Tasten. Bald verließ er die Höhe, um sich im Baß aufzuhalten, bald ging er von der Begleitung wieder zur Höhe zurück. Die

Leidenschaften folgten einander auf seinem Gesichte, man unterschied den Zorn, die Zärtlichkeit, das Vergnügen, den Schmerz, man fühlte das Piano und Forte, und gewiß würde ein Geschickterer als ich das Stück an der Bewegung, dem Charakter, an seinen Mienen, aus einigen Zügen des Gesangs erkannt haben, die ihm von Zeit zu Zeit entfuhren. Aber höchst seltsam war es, daß er manchmal tastete, sich schalt, als wenn er gefehlt hätte, sich ärgerte, das Stück nicht geläufig in den Fingern zu haben. Endlich sagte er: Nun seht Ihr, und wandte sich um und trocknete den Schweiß, der ihm die Wangen herunterlief, Ihr seht, daß wir auch mit Dissonanzen umzuspringen wissen, mit überflüssigen Quinten, daß die Verkettung der Dominanten uns geläufig ist. Diese enharmonischen Passagen, von denen der liebe Onkel soviel Lärm macht, sind eben keine Hexerei. Wir wissen uns auch herauszuziehn.

Ich Ihr habt Euch viel Mühe gegeben, mir zu zeigen, daß Ihr sehr geschickt seid. Ich war der Mann, Euch aufs Wort zu glauben.

Er Sehr geschickt! Das nicht. Was mein Handwerk betrifft, das verstehe ich ohngefähr, und das ist mehr als nötig: denn ist man denn in diesem Lande verbunden das zu wissen, was man lehrt?

Ich Nicht mehr, als das zu wissen, was man lernt.

Er Richtig getroffen, vollkommen richtig! Nun, Herr Philosoph, die Hand aufs Gewissen, redlich gesprochen: es war eine Zeit, wo Ihr nicht so gefüttert wart wie jetzt.

Ich Noch bin ich's nicht sonderlich.

Er Aber doch würdet ihr im Sommer nicht mehr ins Luxemburg gehn – Erinnert Ihr Euch? im –

Ich Laßt das gut sein. Ja! ich erinnre mich.

Er Im Überrock von grauem Plüsch.

Ich Ja doch!

Er Verschabt an der einen Seite, mit zerrissenen Manschetten und schwarzwollenen Strümpfen, hinten mit weißen Faden geflickt.

Ich Ja doch, ja! Alles, wie's Euch gefällt.

Er Was machtet Ihr damals in der Allee der Seufzer?

Ich Eine sehr traurige Gestalt.

Er Und von da ging's übers Pflaster.

Ich Ganz recht!

Er Ihr gabt Stunden in der Mathematik.

Ich Ohne ein Wort davon zu verstehen. Nicht wahr, dahin wolltet Ihr?

Er Getroffen!

Ich Ich lernte, indem ich andre unterrichtete, und ich habe einige gute Schüler gezogen.

Er Das ist möglich. Aber es geht nicht mit der Musik wie mit der Algebra oder Geometrie. Jetzt, da Ihr ein stattlicher Herr seid –

Ich Nicht so gar stattlich.

Er Da Ihr Heu in den Stiefeln habt –

Ich Sehr wenig.

Er Nun haltet Ihr Eurer Tochter Lehrmeister.

Ich Noch nicht: denn ihre Mutter besorgt die Erziehung. Man mag gern Frieden im Hause haben.

Er Frieden im Hause, beim Henker! den hat man nur, wenn man Knecht oder Herr ist, und Herr muß man sein. Ich hatte eine Frau, Gott sei ihrer Seele gnädig! aber wenn sie manchmal stöckisch wurde, setzte ich mich auch auf meine Klauen, entfaltete meinen Donner und sagte wie Gott: es werde Licht, und es ward Licht. Auch haben wir in vier Jahren nicht zehnmal im Eifer gegeneinander unsre Stimmen erhoben. Wie alt ist Euer Kind?

Ich Das tut nichts zur Sache.

Er Wie alt ist Euer Kind?

Ich In's Teufels Namen, laßt mein Kind und sein Alter! Reden wir von den Lehrmeistern, die sie haben wird.

Er Bei Gott! so ist doch nichts störriger als ein Philosoph. Wenn man Euch nun ganz gehorsamst bäte, könnte man von dem Herrn Philosophen nicht erfahren, wie alt ohngefähr Mademoiselle seine Tochter ist?

Ich Acht Jahre könnt Ihr annehmen.

Er Acht Jahre! Schon vier Jahre sollte sie die Finger auf den Tasten haben.

Ich Aber vielleicht ist mir nicht viel daran gelegen, in den Plan ihrer Erziehung ein solches Studium einzuflechten, das so lange beschäftigt und so wenig nützt.

Er Und was soll sie denn lernen, wenn's beliebt?

Ich Vernünftig denken, wenn's möglich ist, eine seltne Sache bei Männern und noch seltner bei Weibern.

Er Mit Eurer Vernunft! Laßt sie hübsch, unterhaltend, kokett sein.

Ich Keineswegs! Die Natur war stiefmütterlich genug gegen sie und gab ihr einen zarten Körperbau mit einer fühlenden Seele, und ich sollte sie den Mühseligkeiten des Lebens aussetzen, eben als wenn sie derb gebildet und mit einem ehernen Herzen geboren wäre? Nein, wenn es möglich ist, so lehre ich sie das Leben mit Mut ertragen.

Er Laßt sie doch weinen, leiden, sich zieren und gereizte Nerven haben wie die andern, wenn sie nur hübsch, unterhaltend und kokett ist. Wie, keinen Tanz?

Ich Nicht mehr, als nötig ist, um sich schicklich zu neigen, sich anständig zu betragen, sich vorteilhaft darzustellen und ungezwungen zu gehen.

Er Keinen Gesang?

Ich Nicht mehr, als nötig ist, um gut auszusprechen.

Er Keine Musik?

Ich Gäbe es einen guten Meister der Harmonie, gern würde ich sie ihm zwei Stunden täglich anvertrauen, auf ein oder zwei Jahre, aber nicht länger.

Er Und nun an die Stelle so wesentlicher Dinge, die Ihr ablehnt –

Ich Setze ich Grammatik, Fabel, Geschichte, Geographie, ein wenig Zeichnen und viel Moral.

Er Wie leicht wäre es mir Euch zu zeigen, wie unnütz alle diese Kenntnisse in einer Welt, wie die unsrige, sind. Was sage ich unnütz, vielleicht gefährlich. – Aber daß ich bei einer einzigen Frage bleibe: muß sie nicht wenigstens ein oder zwei Lehrer haben?

Ich Ganz gewiß.

Er Ah, da sind wir wieder. Und diese Lehrer, glaubt Ihr denn, daß sie die Grammatik, die Fabel, die Geschichte, die Geographie, die Moral verstehen werden, worin sie Unterricht geben? Possen, lieber Herr, Possen. Besäßen sie diese Kenntnisse hinlänglich um sie zu lehren, so lehrten sie sie nicht.

Ich Und warum?

Er Sie hätten ihr Leben verwendet sie zu studieren. Man muß tief in eine Kunst oder eine Wissenschaft gedrungen sein, um die Anfangsgründe wohl zu besitzen. Klassische Werke können nur durch Männer hervorgebracht werden, die unter dem Harnisch grau geworden sind. Erst Mittel und Ende klären die Finsternisse des Anfangs auf. Fragt Euren Freund Herrn d'Alembert, den Chorführer mathematischer Wissenschaften, ob er zu gut sei, die Elemente zu lehren. Nach dreißig oder vierzig Jahren Übung ist mein Onkel die erste Dämmerung musikalischer Theorie gewahr worden.

Ich O Narr! Erznarr! rief ich aus, wie ist es möglich, daß in deinem garstigen Kopf so richtige Gedanken vermischt mit so viel Tollheit sich finden?

Er Wer Teufel kann das wissen? Wirft sie ein Zufall hinein, so bleiben sie drinne. Soviel ist gewiß: wenn man nicht alles weiß, so weiß man nichts recht. Man versteht nicht, wo eine Sache hinwill, wo eine andre herkommt, wohin diese oder jene geordnet sein will, welche vorausgehn oder folgen soll. Unterrichtet man gut ohne Methode? und die Methode, woher kommt sie? Seht, lieber Philosoph, mir ist, als wenn die Physik immer eine arme Wissenschaft sein würde, ein Tropfen Wasser, mit einer Stecknadelspitze aus dem unendlichen Ozean geschöpft, ein Sandkörnchen, von der Alpenkette losgelöst. Und nun gar die Ursachen der Erscheinungen! Wahrhaftig, es wäre besser, gar nichts zu wissen, als so wenig so schlecht zu wissen. Und da war ich gerade, als ich mich zum Lehrer der musikalischen Begleitung aufwarf. Worauf denkt Ihr?

Ich Ich denke, daß alles, was Ihr da sagt, auffallender als gründlich ist. Es mag gut sein. Ihr unterwiest, sagtet Ihr, in der Begleitung und Tonsetzung?

Er Ja!

Ich Und wußtet gar nichts davon?

Er Nein, bei Gott! und deswegen waren jene viel schlimmer als ich, die sich einbildeten, sie verstünden was. Wenigstens verdarb ich weder das Urteil noch die Hände der Kinder. Kamen sie nachher von mir zu einem guten Meister, so hatten sie nichts zu verlernen, da sie nichts gelernt hatten, und das war immer so viel Geld und Zeit gewonnen.

Ich Wie machtet Ihr das aber?

Er Wie sie's alle machen. Ich kam, ich warf mich in einen Stuhl. – Was das Wetter schlecht ist! wie das Pflaster ermüdet! – Dann kam es an einige Neuigkeiten. – Mademoiselle Le Mierre sollte eine Vestalin in der neuen Oper machen, sie ist aber zum zweitenmal guter Hoffnung; man weiß nicht, wer sie dublieren wird. Mademoiselle Arnould hat ihren kleinen Grafen fahren lassen. Man sagt, sie unterhandelt mit Bertin. Unterdessen hat sich der kleine Graf mit dem Porzellan des Herrn von Montamy entschädigt. Im letzten Liebhaberkonzert war eine Italienerin, die wie ein Engel gesungen hat. Das ist ein seltner Körper, der Préville. Man muß ihn in dem "Galanten Merkur" sehen. Die Stelle des Rätsels ist unbezahlbar. Die arme Dumesnil weiß nicht mehr, was sie sagt, noch was sie tut ... Frisch, Mademoiselle, Ihr Notenbuch! – Und indem Mademoiselle sich gar nicht übereilt, das Buch sucht, das sie verlegt hat, man das Kammermädchen ruft, fahre ich fort: Die Clairon ist wirklich unbegreiflich. Man spricht von einer sehr abgeschmackten Heirat der Mademoiselle ... wie heißt sie doch? einer kleinen Kreatur, die er unterhielt, der er zwei, drei Kinder gemacht hat, die schon so mancher unterhalten hatte – Geht, Rameau, das ist nicht möglich – Genug, man sagt, die Sache ist gemacht. Es geht das Gerücht, daß Voltaire tot ist. Desto besser. – Warum desto besser? – Da gibt er uns gewiß wieder was Neckisches zum besten. Das ist so seine Art, vierzehn Tage, ehe er stirbt ... Was soll ich weiter sagen? Da sagte ich nun einiges Unanständige aus den Häusern, wo ich gewesen war: denn wir sind alle große Klätscher. Ich spielte den Narren, man hörte mich an, man lachte, man rief: Er ist doch immer allerliebst. Unterdessen hatte man das Notenbuch unter einem Sessel gefunden, wo es ein kleiner Hund, eine kleine Katze herumgeschleppt, zerkaut, zerrissen hatte. Nun setzte sich das schöne Kind ans Klavier, nun machte sie erst allein gewaltigen Lärm darauf. Ich nahte mich dann und machte der Mutter heimlich ein Zeichen des Beifalls. – Nun, das geht so übel nicht, (sagt die Mutter) man brauchte nur zu wollen; aber man will nicht, man verdirbt lieber seine Zeit mit Schwätzen, Tändeln, Auslaufen und mit Gott weiß was.

Ihr wendet kaum den Rücken, so ist auch schon das Buch zu, und nur, wenn Ihr wieder da seid, wird es aufgeschlagen. Auch hör ich niemals, daß Ihr einen Verweis gebt. – Unterdessen, da doch was geschehen mußte, so nahm ich ihr die Hände und setzte sie anders. Ich tat böse, ich schrie: Sol, sol, sol, Mademoiselle, es ist ein Sol. – Die Mutter: Mademoiselle, habt Ihr denn gar keine Ohren? Ich steh nicht am Klavier, ich sehe nicht in Euer Buch und fühle selbst, ein Sol muß es sein. Ihr macht dem Herrn eine unendliche Mühe, behaltet nichts, was er Euch sagt, kommt nicht vorwärts. – Nun fing ich diese Streiche ein wenig auf, zuckte mit dem Kopfe und sagte: Verzeiht, Madame, verzeiht! Es könnte besser gehen, wenn Mademoiselle wollte, wenn sie ein wenig studierte; aber so ganz übel geht es doch nicht – An Eurer Stelle hielt ich sie ein ganzes Jahr an einem Stücke fest – Was das betrifft, soll sie mir nicht los, bis sie über alle Schwierigkeiten hinaus ist, und das dauert nicht so lange, als (Madame) vielleicht glaubt. – Herr Rameau, Ihr schmeichelt ihr; Ihr seid zu gut. Das ist von der Lektion das einzige, was sie behalten und mir gelegentlich wiederholen wird. – So ging die Stunde vorbei. Meine Schülerin reichte mir die Marke mit anmutiger Armbewegung, mit einem Reverenz, wie sie der Tanzmeister gelehrt hatte. Ich steckte es in meine Tasche, und die Mutter sagte: Recht schön, Mademoiselle! Wenn Javillier da wäre, würde er applaudieren. – Ich schwatzte noch einen Augenblick der Schicklichkeit wegen, dann verschwand ich, und das hieß man damals eine Lektion in der Begleitung.

Ich Und heutzutage ist es denn anders?

Er Bei Gott! das sollt ich denken. Ich komme, bin ernsthaft, werfe meinen Muff weg, öffne das Klavier, versuche die Tasten, bin immer eilig, und wenn man mich einen Augenblick warten läßt, so schrei ich, als wenn man mir einen Taler stähle. In einer Stunde muß ich da und dort sein, in zwei Stunden bei der Herzogin Soundso, mittags bei einer schönen Marquise, und von da gibt's ein Konzert bei Herrn Baron von Bagge, rue neuve des Petits Champs.

Ich Und indessen erwartet man Euch nirgends.

Er Das ist wahr!

Ich Und wozu alle diese kleinen niederträchtigen Künste?

Er Niederträchtig? und warum, wenn's beliebt? In meinem Stand sind sie gewöhnlich, und ich erniedrige mich nicht, wenn ich handle wie jedermann. Ich habe sie nicht erfunden, und ich wäre sehr wunderlich und ungeschickt, mich nicht zu bequemen. Wohl weiß ich, daß Ihr mir da gewisse allgemeine Grundsätze anführen werdet von einer gewissen Moral, die sie alle im Munde haben und niemand ausübt. Da mag sich denn finden, daß schwarz weiß und weiß schwarz ist. Aber, Herr Philosoph, wenn es ein allgemeines Gewissen gibt, wie eine allgemeine Grammatik, so gibt es auch Ausnahmen in jeder Sprache. Ihr nennt sie, denk ich, ihr Gelehrten – und nun, so helft mir doch!–

Ich Idiotismen.

Er Ganz recht! Und jeder Stand hat Ausnahmen von dem allgemeinen Gewissen, die ich gar zu gern Handwerks-Idiotismen nennen möchte.

Ich Richtig! Fontenelle spricht gut, schreibt gut, und sein Stil wimmelt von französischen Idiotismen.

Er Und der Fürst, der Minister, der Financier, die Magistratsperson, der Soldat, der Gelehrte, der Advokat, der Prokurator, der Kaufmann, der Bankier, der Handwerker, der Singmeister, der Tanzmeister sind sehr rechtschaffene Leute, wenn sich gleich ihr Betragen auf mehrern Punkten von dem allgemeinen Gewissen entfernt und voll moralischer Idiotismen befunden wird. Je älter die Einrichtungen der Dinge, je mehr gibt's Idiotismen. Je unglücklicher die Zeiten sind, um soviel vermehren sich die Idiotismen. Was der Mensch wert ist, ist sein Handwerk wert, und wechselseitig am Ende was das Handwerk taugt, taugt der Mensch. Und so sucht man denn das Handwerk soviel als möglich geltend zu machen.

Ich Soviel ich merken kann, soll alle das Redegeflechte nur sagen, selten wird ein Handwerk rechtlich betrieben, oder wenig rechtliche Leute sind bei ihrem Handwerk.

Er Gut! die gibt's nicht. Aber dagegen gibt's auch wenig Schelme außer ihrer Werkstatt. Und alles würde gut gehen, wenn es nicht eine Anzahl Leute gäbe, die man fleißig nennt, genau, streng ihre Pflichten erfüllend, ernst, oder was auf eins hinauskommt, immer in ihren Werkstätten, ihre Handwerke treibend von Morgen bis auf den Abend, und nichts als das. Auch sind sie die einzigen, die reich werden und die man schätzt.

Ich Der Idiotismen willen.

Er Ganz recht! Ihr habt mich verstanden. Also der Idiotism fast aller Stände: denn es gibt ihrer, die allen Ländern gemein sind, allen Zeiten, wie es allgemeine Torheiten gibt; genug, ein allgemeiner Idiotism ist, sich so viel Kunden zu verschaffen als möglich; eine gemeinsame Albernheit ist's zu glauben, daß der Geschickteste die meisten habe. Das sind zwei Ausnahmen vom allgemeinen Gewissen, denen man eben nachgeben muß, eine Art Kredit, nichts an sich, aber die Meinung macht es zu was.

Sonst sagte man: Guter Ruf ist goldnen Gürtel wert. Indessen nicht immer hat der einen goldnen Gürtel, der guten Ruf hat. Aber das ist heutzutage gewiß, wer den goldnen Gürtel hat, dem fehlt der gute Ruf nicht. Man muß, wenn's möglich ist, den Ruf und den Gürtel haben. Das ist mein Zweck, wenn ich mich gelten mache, und zwar durch das, was Ihr unwürdige, niederträchtige, kleine Kunstgriffe scheltet. Ich gebe meine Stunde, gebe sie gut, das ist die allgemeine Regel. Ich mache die Leute glauben, daß ich deren mehr zu geben habe, als der Tag Stunden hat; das gehört zu den Idiotismen.

Ich Und Euern Unterricht gebt Ihr gut?

Er Ja! nicht übel, ganz leidlich. Der Grundbaß meines Onkels hat das alles sehr vereinfacht. Sonst stahl ich meinem Lehrling das Geld. Ja, ich stahl's, das ist ausgemacht. Jetzt verdien ich's wenigstens so gut als ein andrer.

Ich Und Ihr stahlt es ohne Gewissensbisse?

Er Was das betrifft, man sagt, wenn ein Räuber den andern beraubt, so lacht der Teufel dazu. Die Eltern strotzten von ungeheurem, Gott weiß wie erworbenem Gute. Es waren Hofleute, Finanzleute, große Kaufleute, Bankiers, Mäkler. Ich und viele andre, die sie brauchten wie mich, wir erleichterten ihnen die gute Handlung des Wiedererstattens. In der Natur fressen sich alle Gattungen, alle Stände fressen sich in der Gesellschaft, wir strafen einer den andern, ohne daß das Gesetz sich drein mische. Die Deschamps sonst, wie jetzt die Guimard, rächt den Prinzen am Finanzmann; die Modehändlerin, der Juwelenhändler, der Tapezierer, die Wäscherin, der Gauner, das Kammermädchen, der Koch, der Sattler rächen den Finanzmann an der Deschamps, und indessen ist's nur der Unfähige, der Faule, der zu kurz kommt, ohne jemand verkürzt zu haben, und das geschieht ihm recht, und daran seht Ihr, daß alle die Ausnahmen vom allgemeinen Gewissen, alle diese moralischen Idiotismen, über die man so viel Lärm macht und sie Schelmstreiche nennt, gar nichts heißen wollen, und daß es überhaupt nur darauf ankommt, wer den rechten Blick hat.

Ich Den Euern bewundre ich.

Er Und dann das Elend! Die Stimme des Gewissens und der Ehre ist sehr schwach, wenn die Eingeweide schreien. Genug, wenn ich einmal reich werde, muß ich eben auch wiedererstatten, und ich bin fest entschlossen wiederzuerstatten, auf alle mögliche Weise, durch die Tafel, durchs Spiel, den Wein und die Weiber.

Ich Aber ich fürchte, Ihr kommt niemals dazu.

Er Mir ahndet auch so was.

Ich Wenn's Euch aber doch gelänge, was würdet Ihr tun?

Er Machen wollt ich's, wie alle glücklichen Bettler, der insolenteste Schuft wollt ich sein, den man jemals gesehn hätte. Erinnern würde ich mich an alles, was sie mir Leids getan, und ich wollte ihnen die schlechte Behandlung redlich wiedererstatten. Ich mag gern befehlen, und befehlen werd ich. Ich will gelobt sein, und man wird mich loben. Das sämtliche Klatschpack will ich im Sold haben, und wie man mit mir gesprochen hat, will ich mit ihnen sprechen. Frisch, ihr Schurken, man unterhalte mich, und man wird mich unterhalten. Man zerreiße die rechtlichen Leute, und man wird sie zerreißen, wenn's ihrer noch gibt. Dann wollen wir Mädchen haben, wir wollen uns duzen, wenn wir betrunken sind, wir wollen uns betrinken und Märchen erfinden, an allerlei Schiefheiten und Lastern soll es nicht fehlen. Das wird köstlich sein. Dann beweisen wir, daß Voltaire ohne Genie sei; daß Buffon, immer hoch auf Stelzen herschreitend, aufgeblasen deklamiere, daß Montesquieu nur ein schöner Geist sei; d'Alembert verweisen wir in seine Mathematik und gehen solchen kleinen Catonen, wie Ihr, über Bauch und Rücken weg, Euch, die Ihr uns aus Neid verachtet, deren Bescheidenheit nur Stolz andeutet und deren Enthaltsamkeit durch die Not geboten wird. Und was die Musik betrifft – hernach wollen wir erst Musik machen!

"Frisch, ihr Schurken, man unterhalte mich ..."

Ich An dem würdigen Gebrauch, den Ihr von Eurem Reichtum zu machen gedenkt, sehe ich, wie sehr es schade ist, daß Ihr ein Bettler seid.

Ihr würdet, merk ich, auf eine für das Menschengeschlecht sehr ehrenvolle Weise leben, auf eine Euern Mitbürgern, Euch selbst höchst rühmliche Weise.

Er Ihr spottet wohl gar, Herr Philosoph, und wißt nicht, mit wem Ihr's vorhabt. Ihr merkt nicht, daß ich in diesem Augenblick den beträchtlichsten Teil der Stadt und des Hofes vorstelle. Unsre Reichen aller Stände haben sich dasselbe gesagt oder haben sich's nicht gesagt, dasselbe, was ich Euch soeben vertraute. So viel ist aber gewiß, das Leben, das ich an ihrer Stelle führen würde, ist ganz genau ihr Leben. So seid ihr nun, ihr andern! Ihr glaubt, (dasselbige Glück) sei für alle gemacht. Welch wunderliche Grille! Eure Art von (Glück) verlangt eine gewisse romanenhafte Wendung des Geistes, die wir nicht haben, eine sonderbare Seele, einen eignen Geschmack. Diese Grillen verziert ihr mit dem Namen der Tugend, ihr nennt es Philosophie; aber die Tugend, die Philosophie, sind sie denn für alle Welt? Wer's vermag, halte es, wie er will; aber denkt Euch, die Welt wäre weise und philosophisch gesinnt, gesteht nur, verteufelt traurig würde sie sein. Leben soll mir dagegen Salomons Philosophie und Weisheit, gute Weine zu trinken, köstliche Speisen zu schlucken, hübsche Weiber zu besitzen, auf weichen Betten zu ruhen; übrigens ist alles eitel.

Ich Wie? sein Vaterland verteidigen?

Er Eitelkeit! Es gibt kein Vaterland mehr. Von einem Pol zum andern sehe ich nur Tyrannen und Sklaven.

Ich Seinen Freunden zu dienen?

Er Eitelkeit! Hat man denn Freunde? Und wenn man ihrer hätte, sollte man sie in Undankbare verwandeln? Beseht's genau, und Ihr werdet finden, fast immer ist's Undank, was man für geleistete Dienste gewinnt. Die Dankbarkeit ist eine Last, und jede Last mag man gern abwerfen.

Ich Ein Amt haben und dessen Pflichten erfüllen?

Er Eitelkeit! Habe man eine Bestimmung oder nicht, wenn man nur reich ist; denn man übernimmt doch nur ein Geschäft, um reich zu werden.

Seine Pflichten erfüllen, wohin kann das führen? Zur Eifersucht, zur Unruhe, zur Verfolgung. Kommt man auf solche Weise vorwärts? Seine Aufwartung machen, die Großen sehen, ihren Geschmack ausforschen, ihren Phantasien nachhelfen, ihren Lastern dienen, ihre Ungerechtigkeiten billigen, das ist das Geheimnis.

Ich Um die Erziehung seiner Kinder besorgt sein?

Er Eitelkeit! das ist die Sache des Lehrers.

Ich Aber wenn der Lehrer nach Euern eignen Grundsätzen seine Pflichten versäumt, wer wird alsdann gestraft?

Er Ich doch wohl nicht? Aber vielleicht einmal der Mann meiner Tochter oder die Frau meines Sohns.

Ich Aber wenn sie sich ins liederliche Leben, ins Laster stürzen?

Er Das ist standsmäßig.

Ich Wenn sie sich entehren?

Er Man mag sich stellen, wie man will, man entehrt sich nicht, wenn man reich ist.

Ich Wenn sie sich zugrunde richten?

Er Desto schlimmer für sie.

Ich Und wenn Ihr Euch nicht nach dem Betragen Eurer Frau, Eurer Kinder erkundigt, so möchtet Ihr auch wohl Eure Haushaltung vernachlässigen.

Er Verzeiht, es ist manchmal schwer Geld zu finden, und drum ist es klug, sich von weitem vorzusehn.

Ich Und um Eure Frau werdet Ihr Euch wenig bekümmern?

Er Gar nicht, wenn's beliebt. Das beste Betragen gegen seine liebe Hälfte bleibt immer, das zu tun, was ihr ansteht. Doch geschähe im ganzen, was Ihr wünscht, so würde die Gesellschaft sehr langweilig sein, wenn jeder nur darin an sich und sein Gewerb dächte.

Ich Warum nicht? Der Abend ist niemals schöner für mich, als wenn ich mit meinem Morgen zufrieden bin.

Er Für mich gleichfalls.

Ich Was die Weltleute so delikat in ihrem Zeitvertreib macht, das ist ihr tiefer Müßiggang.

Er Glaubt's nicht. Sie machen sich viel zu schaffen.

Ich Da sie niemals müde werden, so erholen sie sich niemals.

Er Glaubt's nicht. Sie sind immer außer Atem.

Ich Das Vergnügen ist immer ein Geschäft für sie, niemals ein Bedürfnis.

Er Desto besser. Das Bedürfnis ist immer beschwerlich.

Ich Alles nutzen sie ab. Ihre Seele stumpft sich, und die Langeweile wird Herr. Wer ihnen mitten in dem erdrückenden Überfluß das Leben nähme, würde ihnen einen Dienst leisten, eben weil sie vom Glück nur den Teil kennen, der sich am schnellsten abstumpft. Ich verachte nicht die Freuden der Sinne, ich habe auch einen Gaumen, der durch eine feine Speise, durch einen köstlichen Wein geschmeichelt wird; ich habe ein Herz und Auge, ich mag auch ein zierliches Weib besitzen, sie umfassen, meine Lippen auf die ihrigen drücken, Wollust aus ihren Blicken saugen und an ihrem Busen vor Freude vergehn. Manchmal mißfällt mir nicht ein lustiger Abend mit Freunden, selbst ein ausgelassener; aber ich kann Euch nicht verhalten, mir ist's unendlich süßer, dem Unglücklichen geholfen, eine kitzliche Sache geendigt, einen weisen Rat gegeben, ein angenehmes Buch gelesen, einen Spaziergang mit einem werten Freunde, einer werten Freundin gemacht, lehrreiche Stunden mit meinen Kindern zugebracht, eine gute Seite geschrieben und der Geliebten zärtliche, sanfte Dinge gesagt zu haben, durch die ich mir eine Umarmung verdiene. Ich kenne wohl Handlungen, welche getan zu haben ich alles hingäbe, was ich besitze. "Mahomet" ist ein vortreffliches Werk; aber ich möchte lieber das Andenken des Calas wiederhergestellt haben.

Einer meiner Bekannten hatte sich nach Cartagena geflüchtet. Es war ein nachgeborner Sohn aus einem Lande, wo das Herkommen alles Vermögen dem ältesten zuspricht. Dort vernimmt er, daß sein Erstgeborner, ein verzogner Sohn, seinen zu nachgiebigen Eltern alle Besitzungen entzogen, sie aus ihrem Schlosse verjagt habe, daß die guten Alten in einer kleinen Provinzstadt ein kümmerliches Leben führen. Was tut nun dieser Nachgeborne, der in seiner Jugend hart von den Eltern gehalten, sein Glück in der Ferne gesucht hatte? Er schickt ihnen Hülfe, er eilt, seine Geschäfte zu ordnen, er kommt reich zurück, er führt Vater und Mutter in ihre Wohnung, er verheiratet seine Schwestern. Ach, mein lieber Rameau, diesen Teil seines Lebens betrachtete der Mann als den glücklichsten. Mit Tränen im Auge sprach er mir davon, und mir, indem ich es Euch erzähle, bewegt sich das Herz für Freude, und das Vergnügen versetzt mir die Stimme.

Er Ihr seid wunderliche Wesen!

Ich Ihr seid bedauernswerte Wesen, wenn Ihr nicht begreift, daß man sich über das Schicksal erheben kann und daß es unmöglich ist, unglücklich zu sein unter dem Schutze zwei so schöner Handlungen.

Er Das ist eine Art Glückseligkeit, mit der ich mich schwerlich befreunden könnte: denn man findet sie selten. So meint Ihr denn also wirklich, man müßte rechtschaffen sein?

Ich Um glücklich zu sein, gewiß!

Er Indessen sehe ich unendlich viel rechtschaffne Leute, die nicht glücklich sind, und unendlich viel Leute, die glücklich sind, ohne rechtschaffen zu sein.

Ich Das scheint Euch nur so.

Er Und warum fehlt's mir heute abend an Nachtessen, als weil ich einen Augenblick Menschenverstand und Offenheit zeigte.

Ich Keineswegs, sondern weil Ihr sie nicht immer hattet; weil Ihr nicht beizeiten fühltet, daß man sich vor allen Dingen einrichten sollte, unabhängig von Knechtschaft zu sein.

Er Unabhängig oder nicht. Meine Einrichtung ist wenigstens die bequemste.

Ich Aber nicht die sicherste, die ehrenvollste.

Er Aber die passendste für meinen Charakter eines Tagdiebs, eines Toren, eines Taugenichts.

Ich Vollkommen.

Er Und eben weil ich mein Glück machen kann durch Laster, die mir natürlich sind, die ich ohne Arbeit erwarb, die ich ohne Anstrengung erhalte, die mit den Sitten meiner Nation zusammentreffen, die nach dem Geschmack meiner Beschützer sind, übereinstimmender mit ihren kleinen besondern Bedürfnissen als unbequeme Tugenden, die sie von Morgen bis Abend anklagen würden. Es wäre doch wunderlich, wenn ich mich wie eine verdammte Seele quälte, um mich zu verrenken, um mich anders zu machen, als ich bin, um mir einen fremden Charakter aufzubinden, die schätzbarsten Eigenschaften, über deren Wert ich nicht streiten will, aber die ich nur mit Anstrengung erwerben und ausüben könnte und die mich doch zu nichts führten, vielleicht zum Schlimmern als nichts: denn darf wohl ein Bettler wie ich, der sein Leben von reichen Leuten hat, ihnen solch einen Sittenspiegel beständig vorhalten?

Man lobt die Tugend, aber man haßt sie, man flieht sie, man läßt sie frieren, und in dieser Welt muß man die Füße warm halten. Und dann würde ich gewiß die übelste Laune haben: denn warum sind die Frommen, die Andächtigen so hart, so widerlich, so ungesellig? Sie haben sich zu leisten auferlegt, was ihnen nicht natürlich ist. Sie leiden, und wenn man leidet, macht man andre leiden. Das ist weder meine Sache noch die Sache meiner Gönner. Munter muß ich sein, ungezwungen, neckisch, närrisch, drollig. Die Tugend fodert Ehrfurcht, und Ehrfurcht ist unbequem; die Tugend fodert Bewunderung, und Bewunderung ist nicht unterhaltend.

Ich habe mit Leuten zu tun, denen die Zeit lang wird, und sie wollen lachen. Nun seht: die Torheit, das Lächerliche macht lachen, und also muß ich ein Tor, ich muß lächerlich sein. Und hätte mich die Natur nicht so geschaffen, so müßte ich kurz und gut so scheinen. Glücklicherweise brauche ich kein Heuchler zu sein. Es gibt ihrer ohnehin von allen Farben, ohne die zu rechnen, die sich selbst belügen.

"Nun seht: die Torheit, das Lächerliche macht lachen."

Seht doch einmal den Ritter de la Morlière, der seinen Hut aufs Ohr drückt, die Nase in die Höhe trägt, der den Vorbeigehenden über die Schulter ansieht, dem ein langer Degen auf die Schenkel schlägt, der für jeden Unbewaffneten eine Beleidigung bereit hat, der jeden Begegnenden herauszufodern scheint, was tut er? Alles, was er kann, um sich zu überreden, daß er herzhaft ist; aber feig ist er. Bietet ihm einen Nasenstüber an, er wird ihn sanftmütig empfangen. Soll er seinen Ton herabstimmen, so erhebt den Eurigen, zeigt ihm Euern Stock, oder gebt ihm einen Tritt in H-n. Ganz erstaunt, sich so feig zu finden, wird er Euch fragen, wer's Euch gesteckt hat, woher Ihr es wissen könnt, daß er eine Memme sei: denn im Augenblick vorher war es ihm selbst noch unbekannt. Durch eine langgewohnte Nachäffung mutvollen Betragens hatte er sich selbst überzeugt. Er machte so lange die Gebärden, daß er glaubte, die Sache zu haben.

Und jene Frau, die sich kasteit, Gefängnisse besucht, allen wohltätigen Gesellschaften beiwohnt, mit gesenkten Augen einhergeht, keinen Mann gerade ansehen kann, immer wegen Verführung ihrer Sinne besorgt; brennt ihr Herz deshalb weniger? entwischen ihr nicht Seufzer? entzündet sich nicht ihr Temperament? ist sie nicht von Begierden umlagert, und wird nicht ihre Einbildungskraft zu Nacht von gewaltsam verführerischen Bildern ergriffen? Und nun, wie ergeht's ihr? Was denkt ihre Kammerfrau, die aus dem Bette springt, um einer Gebieterin Hülfe zu leisten, die gefährlich krank scheint? Oh! gute Justine, lege dich wieder zu Bette, dich rief sie nicht in ihrem Wahnsinn.

Sollte es nun Freund Rameau jemals einfallen, das Glück, die Weiber, das gute Leben, den Müßiggang zu verachten, zu katonisieren, was wäre er? ein Heuchler. Rameau sei, was er ist, ein glücklicher Räuber unter reichen Räubern, nicht aber ein Tugendprahler oder ein Tugendhafter, der sein Krüstchen Brot allein verzehrt oder in Gesellschaft von Bettlern. Kurz und gut, Eure Glückseligkeit, das Glück einiger Schwärmer wie Ihr, kann mir nicht gefallen.

Ich Ich sehe, mein Freund, Ihr wißt nicht, was es ist, und seid nicht einmal imstande, es kennenzulernen.

Er Desto besser für uns, desto besser! Ich stürbe vor Hunger, vor Langerweile und vielleicht vor Reue.

Ich So rat ich Euch denn, ein für allemal, geschwind in das Haus zurückzukehren, woraus Ihr Euch so ungeschickt habt verjagen lassen.

Er Um das zu tun, was Ihr im eigentlichen Sinne nicht mißbilligt und was mir im figürlichen ein wenig zuwider ist?

Ich Welche Sonderbarkeit!

Er Ich finde nichts Sonderbares daran. Ich will mich wohl wegwerfen, aber ohne Zwang; ich will von meiner Würde heruntersteigen ... Ihr lacht?

Ich Ja! Eure Würde macht mich lachen.

Er Jeder hat die seinige. Ich will die meine vergessen, aber nach Belieben und nicht auf fremden Befehl. Sollte man mir sagen: krieche, und ich müßte kriechen? Der Wurm kriecht wohl, ich auch, und wir wandern beide so fort, wenn man uns gehn läßt; aber wir bäumen uns, wenn man uns auf den Schwanz tritt. Man hat mir auf den Schwanz getreten, und ich werde mich bäumen. Und dann habt Ihr keinen Begriff von dem konfusen Zustande, von dem die Rede ist. Denkt Euch eine melancholische, verdrießliche Figur, von Grillen aufgefressen, den weiten Schlafrock zwei- oder dreimal umhergeschlagen, einen Mann, der sich selbst mißfällt, dem alles mißfällt, den man kaum zum Lachen brächte, wenn man sich Körper und Geist auf hundert verschiedene Weisen verrenkte, der mit Kälte die neckischen Gesichter betrachtet, die ich schneide, und die noch neckischern Sprünge meines Witzes. Denn unter uns, der Père Noël, der häßliche Benediktiner, so berühmt wegen seiner Grimassen, ist ohngeachtet seines Glücks bei Hofe, ohne mich und ihn zu rühmen, gegen mich nur ein hölzerner Pulcinell. Und doch muß ich mich plagen und quälen, um eine Tollhauserhabenheit zu erreichen, die nichts wirkt. Lacht er? Lacht er nicht? das muß ich mich mitten in meinen Verrenkungen fragen, und Ihr begreift, was eine solche Ungewißheit dem Talente hinderlich ist. Mein Hypochonder, den Kopf in die Nachtmütze gesteckt, die ihm die Augen überschattet, sieht völlig aus wie eine unbewegliche Pagode, mit einem Faden am Kinn, der bis auf den Sessel herunterhinge. Man paßt, der Faden soll gezogen werden, er wird nicht gezogen. Oder wenn die Kinnlade sich öffnet, so buchstabiert sie ein Wort, das Euch zur Verzweiflung bringt, ein Wort, das Euch lehrt, man habe Euch nicht bemerkt und alle Eure Affereien sein verloren. Dieses Wort ist eine Antwort auf eine Frage, die Ihr vor vier Tagen an ihn tatet. Es ist gesprochen, die Muskularfeder spannt sich ab, und die (Kinnlade) schließt sich.

Nun machte er seinen Mann nach. Er hatte sich auf einen Stuhl gesetzt, den Kopf unbeweglich, den Hut bis auf die Augbrauen, die Augen halb geschlossen, die Arme hängend, die Kinnlade bewegend, wie ein Automat. Er sagte:

Ja, Mademoiselle, Sie haben recht, das muß mit Feinheit behandelt werden! – Und so entscheidet unser Mann, entscheidet immer in letzter Instanz, morgens und abends, am Putztisch, bei Tafel, beim Kaffee, beim Spiel, im Theater, beim Abendessen, im Bette und, Gott verzeih mir! ich glaube in den Armen seiner Geliebten. Diese letzten Entscheidungen zu vernehmen hatte ich nicht Gelegenheit; aber die übrigen bin ich verteufelt müde. Traurig, dunkel, schneidend wie das Schicksal, so ist unser Patron.

Gegen ihm über ist eine Närrin, die wichtig tut, der man wohl sagen möchte, sie sei hübsch, weil sie es noch ist, ob sie gleich im Gesicht hie und da einige Flecken hat und sich dem Umfang der Madame Bouvillon nähert. Ich liebe hübsches Fleisch, aber zuviel ist zuviel, und die Bewegung ist der

Materie so wesentlich. Item, sie ist boshafter, eingebildeter, dümmer als eine Gans; item, sie will Witz haben; item, man muß ihr versichern, daß man überzeugt ist, sie habe mehr als jemand; item, das weiß nichts, und das entscheidet auch; item, man muß diese Entscheidungen beklatschen, mit Händ' und Füßen Beifall geben, für Behagen aufspringen, für Bewunderung sich entzücken. Ach, was ist das schön, zart, gut gesagt, fein gesehen, vorzüglich empfunden! Wo nehmen die Weiber das her? ohne Studium, einzig durch die Gewalt des Naturtriebs, durch natürliche Gaben. Das grenzt ans Wunder, und dann sage man uns, Erfahrung, Studium, Nachdenken, Erziehung täten was dabei – und mehr solche Albernheiten. Dann für Freuden geweint, zehnmal des Tags sich gebückt, ein Knie niedergebogen, den andern Fuß nachgeschleift, die Arme gegen die Göttin ausgestreckt, ihre Wünsche in ihren Augen suchend, abhängend von ihren Lippen, ihre Befehle erwartend und wie ein Blitz gehorchend. Wer möchte sich nun einer solchen Rolle unterwerfen, als der Elende, der zwei- oder dreimal die Woche die Tribulation seiner Eingeweide an einem solchen Orte besänftigen kann. Was soll man aber von andern denken, von solchen wie Palissot, Fréron, Poinsinet, Baculard, die nicht arm sind, deren Niederträchtigkeiten sich nicht durch die Borborygmen eines leidenden Magens entschuldigen lassen?

Ich Ich hätte Euch nicht so schwierig geglaubt.

Er Auch bin ich's nicht. Anfangs bemerkte ich, wie es die andern machten, und ich machte es wie sie, ja ein wenig besser. Denn ich bin unverschämter, besserer Schauspieler, hungriger und mit bessern Lungen versehen. Wahrscheinlich stamm ich in grader Linie vom berühmten Stentor ab.

Und um mir einen völligen Begriff von der Gewalt dieses Eingeweides zu geben, fing er an so gewaltig zu husten, daß die Gläser des Kaffeezimmers zitterten und die Schachspieler die Aufmerksamkeit auf ihr Spiel für einen Augenblick unterbrachen.

Ich Aber wozu soll das Talent?

Er Ratet Ihr's nicht?

Ich Nein! ich bin ein wenig beschränkt.

Er Laßt einmal den Streit im Gang sein, den Sieg ungewiß. Ich stehe auf, entfalte meinen Donner und sage: Die Sache verhält sich völlig, wie Mademoiselle behauptet, das heißt urteilen! Hundert von unsern schönen Geistern sollen es besser machen. Der Ausdruck ist genialisch … Aber man muß nicht immer auf gleiche Weise Beifall geben, man würde eintönig werden, man würde für einen Heuchler gelten, man würde abgeschmackt. Dies läßt sich nur durch Urteilskraft und Fruchtbarkeit vermeiden. Man muß diese mächtigen und abschließenden Töne vorzubereiten und wohl anzubringen wissen, Gelegenheit und Augenblick ergreifen. Wenn z.B. die Meinungen geteilt sind, wenn der Streit sich bis zum höchsten Grade der Heftigkeit erhoben hat, wenn man sich nicht mehr versteht, wenn alle zusammen reden, so muß man sich besonders halten im Winkel des Zimmers, entfernt von dem Schlachtfeld. Den Ausbruch muß man durch ein langes Stillschweigen vorbereitet haben und dann schnell wie eine Bombe mitten unter die Streitenden hineinfallen. Niemand versteht diese Kunst besser als ich; aber wo ich überrasche, das ist im Gegenteil. Ich habe kleine Töne, die ich mit einem Lächeln begleite, eine unendliche Menge Beifallsmienen besitze ich. Bald bring ich die Nase, den Mund, die Stirne, die Augen mit ins Spiel. Ich habe eine Gewandtheit der Hüften, eine Art, den Rückgrat zu drehen, die Achseln auf und ab zu zucken, die Finger auszurecken, den Kopf zu biegen, die Augen zu schließen und mich so verwundert zu zeigen, als hätte ich vom Himmel eine englische und göttliche Stimme vernommen. Das ist es, was schmeichelt. Ich weiß nicht, ob Ihr die ganze Kraft dieser letzten Stellung einseht; aber niemand hat mich in der Ausübung übertroffen. Seht nur, seht her!

Ich Das ist wahr, es ist einzig.

Er Glaubt Ihr, daß es ein Weiberhirn gibt mit einiger Eitelkeit, die das aushalte?

Ich Nein! man muß gestehen, Ihr habt das Talent Narren zu machen und sich zu erniedrigen so weit als möglich getrieben.

Er Sie mögen sich stellen, wie sie wollen, alle so viel ihrer sind, dahin gelangen sie nicht. Der Beste unter ihnen, zum Beispiel Palissot, wird höchstens ein guter Schüler bleiben. Aber wenn eine solche Rolle uns anfangs unterhält, wenn man einiges Vergnügen findet sich über die Dummheit derer aufzuhalten, die man trunken macht, am Ende reizt es nicht mehr, und dann nach einer gewissen Anzahl Entdeckungen, ist man genötigt, sich zu wiederholen. Geist und Kunst haben ihre Grenzen. Nur vor Gott und einigen seltnen Geistern erweitert sich die Laufbahn, indem sie vorwärts schreiten. Bouret gehört vielleicht darunter. Manchmal läßt er einen Zug sehen, der mir, ja mir selbst, von ihm den höchsten Begriff gibt. Der kleine Hund, das Buch von der Glückseligkeit, die Fackeln auf dem Weg von Versailles sind Dinge, die mich bestürzen, erniedrigen, das könnte mir gar das Handwerk verleiden.

Ich Was wollt Ihr mit Eurem kleinen Hund?

Er Woher kommt Ihr denn? wie, im Ernste, Euch ist nicht bekannt, wie es dieser außerordentliche Mann anfing, einen kleinen Hund von sich ab und an den Siegelbewahrer zu gewöhnen, dem er gefallen hatte?

Ich Mir ist's nicht bekannt.

Er Desto besser. Das ist eins der schönsten Dinge, die man erdenken kann. Ganz Europa war darüber erstaunt, und jeder Hofmann hat ihn beneidet. Ihr habt doch auch Scharfsinn, laßt sehen, was Ihr an seiner Stelle getan hättet. Bedenkt, daß Bouret von seinem Hunde geliebt war, bedenkt, daß das seltsame Kleid des Ministers das kleine Tier erschreckte, bedenkt, er hatte nur acht Tage, um diese Schwierigkeiten zu überwinden. Man muß die Bedingungen der Aufgabe gut kennen, um das Verdienst der Auflösung genugsam zu schätzen. Nun denn?

Ich Nun denn! Ich bekenne gern, daß die leichtesten Dinge dieser Art mich in Verwirrung setzen würden.

Er Hört sagte er, indem er mir einen kleinen Schlag auf die Achsel gab, denn er ist zudringlich, hört und bewundert. Er läßt sich eine Maske machen, die dem Siegelbewahrer gleicht, er borgt vom Kammerdiener das faltenreiche Gewand, er bedeckt das Gesicht mit der Maske, er hängt das Kleid um. Nun ruft er seinen Hund, streichelt ihn, gibt ihm Kuchen. Dann auf einmal Veränderung der Dekoration. Es ist nicht mehr der Siegelbewahrer, Bouret ist's, der seinen Hund ruft und peitscht. Nach zwei, drei Tagen von morgens bis abends fortgesetzter Übung lernt der Hund vor Bouret dem Generalpachter fliehen und sich zu Bouret dem Siegelbewahrer gesellen. Aber ich bin zu gut, Ihr seid ein Ungläubiger, der nicht verdient, die Wunder zu erfahren, die neben ihm vorgehen.

Ich Dem ungeachtet, ich bitte Euch, wie war's mit dem Buch und den Fackeln?

Er Nein, nein, wendet Euch ans Straßenpflaster, das wird Euch solche Dinge erzählen, und benutzt den Umstand, der uns zusammenbrachte, um Dinge zu erfahren, die niemand weiß als ich.

Ich Ihr habt recht.

Er Gewand und Perücke zu borgen! Ich hatte die Perücke des Siegelbewahrers vergessen. Sich eine Maske, die ihm gleicht, zu verschaffen! Die Maske besonders dreht mir den Kopf um. Auch steht dieser Mann in der größten Achtung, auch besitzt er Millionen. Es gibt Ludwigskreuze, die das Brot nicht haben, was laufen sie aber auch nach dem Kreuz mit Gefahr ihrer Glieder und wenden sich nicht zu einem Stand, der ohne Gefahr ist und niemals ohne Belohnung? Das heißt man sich ums Große bemühen. Diese Muster nehmen einem den Mut, man bedauert sich selbst und hat Langeweile. Die Maske! die Maske! Einen meiner Finger gäbe ich drum, die Maske gefunden zu haben!

Ich Aber mit diesem Enthusiasmus für die schönen Erfindungen, mit dieser Gewandtheit des Genies habt Ihr denn nichts erfunden?

Er Verzeiht! zum Beispiel die bewundernde Stellung des Rückens, von der ich Euch sprach, die seh ich als mein eigen an, ob sie mir gleich durch Neider könnte streitig gemacht werden. Man mag sie wohl vor mir angewendet haben; aber wer hat wohl gefühlt, wie bequem sie sei, eigentlich über den Toren zu lachen, den man bewundert? Ich habe mehr als hundert Kunstgriffe, ein junges Mädchen an der Seite ihrer Mutter zu verführen, ohne daß es diese merkt, ja sogar mit dazu beiträgt. Kaum trat ich in die Laufbahn, als ich alle die gemeinen Manieren, Liebesbriefe zuzustecken, verachtete. Ich habe zehn Mittel, mir sie entreißen zu lassen, und unter diesen Mitteln gibt's manches neue, darf ich mir schmeicheln. Besonders besitze ich das Talent, junge schüchterne Männer aufzumuntern. Ich habe manchen angebracht, der weder Geist noch Gestalt hatte. Wäre das alles geschrieben, ich glaube man würde mir wohl Genie zugestehn.

Ich Für einen außerordentlichen Mann würdet Ihr gelten.

Er Ich zweifle nicht.

Ich An Eurer Stelle würf ich das alles aufs Papier. Schade für die schönen Sachen, wenn sie verlorengehen sollten!

Er Es ist wahr. Aber Ihr glaubt nicht, wie wenig mir Unterricht und Vorschriften gelten. Wer einer Anweisung bedarf, kommt nicht weit. Die Genies lesen wenig, treiben viel und bilden sich aus sich selbst. Bedenkt nur Cäsarn, Turenne, Vauban, die Marquise Tencin, ihren Bruder den Kardinal und seinen Sekretär, den Abbé Trublet – und Bouret? Wer hat Bouret Lektion gegeben? Niemand. Die Natur bildet diese seltnen Menschen. Glaubt Ihr denn, daß die Geschichte des Hunds und der Maske irgendwo gedruckt sei?

Ich Aber in verlornen Stunden, wenn die krampfhaften Bewegungen Eures leeren Magens oder die Anstrengungen des überfüllten Magens den Schlaf abhalten –

Er Ich will darauf denken. Besser ist's, große Sachen zu schreiben, als kleine zu tun. Da erhebt sich die Seele, die Einbildungskraft erhitzt, entflammt, erweitert sich, anstatt daß sie sich zusammenzieht, wenn man sich in Gegenwart der kleinen Hus über die Albernheit des Publikums verwundern soll, das sich nun einmal in den Kopf setzt, den Zieraffen, die Dangeville, mit Beifall zu überhäufen, die so platt spielt, gebückt auf dem Theater einhergeht, die immer dem in die Augen sieht, mit dem sie spricht, und ihre Grimassen für Feinheit hält, ihr Trippeln für Grazie; des Publikums, das die emphatische Clairon ebenso begünstigt, die magrer, zugestutzter, studierter, schwerfälliger ist als möglich. Das unfähige Parterre beklatscht sie, daß alles brechen möchte, und merkt nicht, daß wir ein Knaul von Zierlichkeiten sind. Es ist wahr, der Knaul nimmt ein wenig zu, aber was tut's, haben wir nicht die schönste Haut? die schönsten Augen, den schönsten Schnabel, freilich wenig Gefühl, einen Gang der nicht leicht ist, doch auch nicht so linkisch, wie man sagt. Aber was die Empfindung betrifft, da ist keine, der wir nachgeben.

Ich Was soll das heißen? Ist es Ironie oder Wahrheit?

Er Das Übel ist, daß die Teufels-Empfindungen alle inwendig stecken, und daß doch auch keine Dämmerung durchscheint. Aber ich, der mit Euch rede, ich weiß, und weiß gewiß, sie hat Gefühl. Und ist's nicht gerade das, so ist's etwas von der Art. Seht nur, wenn wir böser Laune sind, wie wir die Bedienten behandeln, wie die Kammermädchen Ohrfeigen kriegen, wie wir mit heftigen Fußtritten die zufälligen Teile zu treffen wissen, die sich einigermaßen vom schuldigen Respekt entfernen. Das ist ein kleiner Teufel, sage ich, ganz voll Gefühl und Würde ... Nun! wie sieht's aus? Ihr wißt wohl nicht, woran Ihr seid. Nicht wahr?

Ich Laßt mich bekennen, ich unterscheide nicht, ob Ihr redlicher- oder boshafterweise redet. Ich bin ein gerader Mann, seid so gut und geht aufrichtig mit mir zu Werke, laßt Eure Kunst beiseite.

Er So sprechen wir (vor) der kleinen Hus, von der Dangeville und der Clairon, hie und da mit einigen Worten gemischt, die anreizen. Mögt Ihr mich doch für einen Taugenichts halten, aber nicht für dumm. Nur ein dummer Teufel oder ein äußerst verliebter Mensch könnte im Ernst so viel Albernheiten vorbringen.

Ich Und wie entschließt man sich sie zu sagen?

Er Das macht sich nicht auf einmal; aber nach und nach kommt man dazu. Ingenii largitor venter.

Ich Man muß aber grimmigen Hunger haben.

Er Das ist möglich. Indessen, so stark Euch das auch scheinen mag, jene sind mehr gewohnt dergleichen zu hören, als wir, es zu sagen.

Ich Ist denn einer, der sich untersteht, Eurer Meinung zu sein?

Er Was heißt Ihr einer? Das ist die Gesinnung, die Sprache der ganzen Gesellschaft.

Ich Die muß also aus Taugenichtsen und aus Dummköpfen bestehen.

Er Dummköpfen? Ich schwöre Euch, es ist nur einer darunter und zwar jener, der uns gastiert, damit wir ihn zum besten haben sollen.

Ich Wie dürft Ihr es aber so grob machen? denn die Talente der Dangeville und Clairon sind entschieden.

Er Man schlingt die Lüge, die uns schmeichelt, in vollen Zügen hinab, und kostet Tropfen für Tropfen die Wahrheit, die uns bitter ist. Und dann haben wir auch so durchdrungene Mienen, ein so wahrhaftes Aussehn.

Ich Und doch müßt Ihr einmal gegen die Grundsätze der Kunst gesündigt haben. Es müssen Euch einmal aus Versehn einige bittre Wahrheiten entwischt sein, von solchen die verletzen. Denn ungeachtet Eurer Rolle, die so elend, verworfen, niederträchtig und abscheulich ist, habt Ihr im Grunde eine zarte Seele.

Er Ich? Keineswegs. Der Teufel hole mich, wenn ich im Grunde weiß, was ich bin. Im ganzen habe ich den Geist rund wie eine Kugel, und den Charakter frisch wie eine Weide, niemals falsch, wenn es mein Vorteil ist wahr zu sein, niemals wahr, wenn ich es einigermaßen nützlich finde falsch zu sein. Ich sage die Sachen, wie sie mir ins Maul kommen, vernünftig, desto besser; ungehörig, man merkt nicht drauf. Ich spreche frei vor mich hin, ich habe niemals in meinem Leben gedacht, weder vor dem Reden, noch im Reden, noch nach dem Reden. Auch findet sich niemand beleidigt.

Ich Aber das ist Euch doch mit den braven Leuten begegnet, mit denen Ihr lebtet und die für Euch so viel Güte hatten?

Er Was wollt Ihr? Es ist ein Unglück, ein falscher Augenblick, wie es ihrer im Leben gibt. Kein Glück hält an. Mir ging es zu gut, das konnte nicht dauern. Wir haben, wie Ihr wißt, die zahlreichste, ausgesuchteste Gesellschaft, es ist eine Schule der Menschlichkeit, eine Erneuerung der alten Gastfreundschaft. Alle Poeten, die fallen, wir raffen sie auf. Wir hatten Palissot nach seiner "Zarès", Bret nach dem "Faux-Généreux", alle verschrienen Musiker, alle Schriftsteller, die man nicht liest, alle ausgepfiffene Schauspielerinnen, alle ausgezischten Schauspieler, ein Haufen verschämter Armen, platte Schmarotzer, an deren Spitze ich mich zu stellen die Ehre habe als wackrer Anführer eines furchtsamen Haufens. Das erstemal, wenn sie sich zeigen, muntre ich sie auf. Ich verlange zu trinken für sie. Nehmen sie doch gar so wenig Platz weg! Abgerißne junge Leute, die nicht wissen wohin, aber die eine Figur haben. Andre Schelmen, die den Patron streicheln, um ihn einzuschläfern, um alsdann die Patronin zu umschweben. Wir scheinen munter, aber im Grunde haben wir alle bösen Humor und gewaltigen Appetit. Wölfe sind nicht heißhungriger, Tiger nicht grausamer. Wir verzehren wie Wölfe, wenn die Erde lange mit Schnee bedeckt war; wir zerreißen wie Tiger alles, was Glück macht. Manchmal vereinigen sich Bertin, Montsauge und Vilmorien; dann gibt es erst einen schönen Lärm im Tiergarten. Niemals sah man so viel traurige, übelwollende, übeltätige und erzürnte Bestien. Da hört man nur die Namen Buffon, Duclos, Montesquieu, Rousseau, Voltaire, d'Alembert, Diderot und Gott weiß mit welchen Beinamen begleitet. Niemand hat Geist, wenn er nicht so abgeschmackt ist wie wir. Und so ist der Plan des Schauspiels "Die Philosophen" erfunden worden. Die Szene des Büchertrödlers habe ich selbst geliefert, nach Anlaß der Rockentheologie, und Ihr seid nicht mehr geschont als ein andrer.

Ich Desto besser! Vielleicht erzeigt man mir mehr Ehre, als ich verdiene. Ich wäre gedemütigt, wenn sie, die so viel Übels von geschickten und ehrlichen Leuten sprechen, sich einfallen ließen von mir Gutes zu reden.

Er Wir sind viele, und jeder muß seine Zeche bezahlen. Wenn die großen Tiere geopfert sind, dann kommt es an die andern.

Ich Wissenschaft und Tugend angreifen, um zu leben, das ist sehr teures Brot.

Er Ich sagte es Euch schon: wir sind ohne Konsequenz. Wir lästern alle Menschen und betrüben niemand. Manchmal findet sich auch bei uns der schwerfällige Abbé d'Olivet, der dicke Abbé Le Blanc, der Heuchler Batteux. Der dicke Abbé ist nur boshaft vor Tafel, nach dem Kaffee wirft er sich in einen Sessel, die Füße gegen den Kaminsockel gestemmt, da schläft er ein wie ein alter Papagei auf der Stange. Wird aber der Lärm gewaltsam, dann gähnt er, dehnt sich, reibt die Augen und sagt: Nun, nun, was gibt's? – Es fragt sich, ob Piron mehr Geist habe als Voltaire? – Verstehn wir uns, Geist sagt Ihr, von Geschmack ist nicht die Rede. Denn vom Geschmack ahnet Piron nicht das mindeste – Nicht das mindeste – Nein ... Und nun geht eine Abhandlung über den Geschmack los. Der Patron macht ein Zeichen mit der Hand, daß man ihn höre: denn auf Geschmack glaubt er sich besonders zu verstehen. – Der Geschmack, sagt er, ... der Geschmack ist ein Ding ... fürwahr ich weiß nicht für welch ein Ding er es ausgab, er wußte es selbst nicht.

Manchmal haben wir Freund Robbé, der tischt uns seine zynischen Märchen auf von konvulsionären Wundern, wovon er Augenzeuge war. Manchmal auch einen Gesang seines Gedichtes über einen Gegenstand, den er gründlich kennt. Ich hasse seine Verse, aber ich höre ihn gerne lesen. Er hat das Ansehn eines Besessenen. Alle schreien um ihn her: Das heißt doch ein Poet! ... Unter uns, diese Poesie ist nichts als ein Charivari von allerlei konfusen Klängen, ein barbarisches Tongemisch der Erbauer des babylonischen Turmes. Auch kommt manchmal ein Pinselgesicht von plattem und dummen Ansehn, der aber Verstand wie ein Teufel hat und boshafter ist als ein alter Affe. Es ist eine von den Figuren, die zu Spöttereien und Nasenstübern reizen, die aber Gott zur Züchtigung der Menschen geschaffen hat, die nach der Gesichtsbildung urteilen und die (ihr Spiegel) hätte belehren sollen, daß es ebenso leicht ist, ein Mann von Geist zu sein und das Ansehn eines Dummkopfs zu haben, als den Dummkopf unter einer geistreichen Physiognomie zu verbergen. Es ist eine gemeine Niederträchtigkeit, andern zum Zeitvertreib einen

Gutmütigen aufzuopfern, und gewöhnlich fällt man auf diesen. Dies ist eine Falle, die wir den Neuankommenden legen, und ich habe fast niemand gefunden, der nicht hineingetappt wäre.

"Auch kommt manchmal ein Pinselgesicht ..."

Manchmal bewunderte ich die Richtigkeit der Bemerkungen dieses Narren über Menschen und Charaktere und gab es ihm zu verstehen. – Aus der schlechten Gesellschaft, antwortete er mir, läßt sich Vorteil ziehen wie aus der Liederlichkeit. Hier entschädigt uns der Verlust der Vorurteile wegen des Verlustes der Unschuld; in der Gesellschaft der Bösen, wo das Laster sich ohne Maske zeigt, lernt man sie kennen. – Er hat recht; aber ich habe auch ein wenig gelesen.

Ich Was habt Ihr gelesen?

Er Gelesen habe ich und lese und unaufhörlich lese ich wieder Theophrast, La Bruyère und Molière.

Ich Das sind vortreffliche Bücher.

Er Sie sind viel besser, als man denkt, aber wer versteht sie zu lesen?

Ich Jedermann, nach dem Maß seines Geistes.

Er Fast niemand. Könnt Ihr mir sagen, was man darin sucht?

Ich Unterhaltung und Unterricht.

Er Aber welchen Unterricht? denn darauf kommt es an.

Ich Die Kenntnis seiner Pflichten, die Liebe der Tugend, den Haß des Lasters.

Er Ich aber lerne daraus alles, was man tun soll und alles was man nicht sagen soll. Also, wenn ich den "Geizigen" lese, so sage ich mir, sei geizig, wenn du willst, nimm dich aber in acht, wie ein Geiziger zu reden. Lese ich den "Tartuffe", so sage ich mir, sei ein Heuchler wenn du willst, aber sprich nicht wie ein Heuchler. Behalte die Laster, die dir nützlich sind, aber bewahre dich vor dem Ton, vor den Äußerungen, die dich lächerlich machen würden. Und dich vor diesem Ton, diesen Äußerungen zu bewahren, mußt du sie kennen. Nun haben sie dir diese Autoren vortrefflich geschildert. Ich bleibe, was ich bin, aber ich handle und rede, wie sich's geziemt. Ich bin nicht von denen, die den Moralisten verachten. Es ist viel zu lernen, besonders bei denen, die die Moral in Handlung gesetzt haben. Das Laster beleidigt die Menschen nur von Zeit zu Zeit, die lasterhaften Charaktere beleidigen sie von morgens bis abends. Vielleicht wäre es besser insolent zu sein, als so auszusehn. Ein insolenter Charakter verletzt nur manchmal, ein insolentes Ansehen verletzt immer. Übrigens bildet Euch nicht ein, daß ich der einzige Leser meiner Art sei. Ich habe hier kein andres Verdienst, als systematisch, durch richtigen Blick, eine vernünftige und wahre Ansicht das geleistet zu haben, was andre aus Instinkt tun. Daher kommt, daß ihr vieles Lesen sie nicht besser macht als mich, und daß sie noch dazu lächerlich bleiben wider ihren Willen, anstatt daß ich's nur bin, wenn ich will, und sie alsdann weit hinter mir zurücklasse. Denn dieselbe Kunst, die mich lehrt, bei gewissen Gelegenheiten das Lächerliche vermeiden, lehrt mich bei andern es glücklich erwischen. Dann erinnre ich mich an alles, was andre gesagt haben, an alles, was ich gelesen habe, und dann füg ich noch alles hinzu, was auf meinem Grund und Boden wächst, der in dieser Art ganz erstaunliche Früchte trägt.

Ich Ihr habt wohlgetan, mir diese Geheimnisse zu eröffnen, sonst hätte ich glauben müssen, Ihr widersprächt Euch selber.

Er Ich widerspreche mir nicht: denn für einen Fall, wo man das Lächerliche zu vermeiden hat, gibt es glücklicherweise hundert, wo man sich's geben muß. Es gibt keine beßre Rolle bei den Großen als die Rolle der Narren. Lange gab es einen wirklich betitelten Narren des Königs; niemals hat jemand den Titel eines Weisen des Königs getragen. Ich bin der Narr Bertins und mehrerer andern, Eurer vielleicht in diesem Augenblick, vielleicht seid Ihr der meine. Wer weise wäre, hätte keine Narren, wer einen Narren hat, ist nicht weise, und ist er nicht weise, so ist er ein Narr, und vielleicht wäre der König der Narr seines Narren. Übrigens bedenkt, daß in einer so veränderlichen Sache, wie die Sitten sind, nichts absolut, wesentlich und allgemein wahr oder falsch ist, außer daß man sei was unser Vorteil gebietet, gut oder böse, weise oder närrisch, anständig oder lächerlich, ehrbar oder lasterhaft. Wenn zufälligerweise die Tugend zum Glück geführt hätte, so wäre ich tugendhaft gewesen oder hätte die Tugend geheuchelt, wie ein andrer. Man hat mich lächerlich haben wollen, und dazu habe ich mich gebildet. Bin ich lasterhaft, so hat die Natur allein den Aufwand gemacht. Wenn ich lasterhaft sage, so rede ich nur Eure Sprache. Denn wenn wir uns erklären wollten, so wäre wohl möglich, Ihr hießet Laster, was ich Tugend nenne, und was ich Laster nenne, Tugend.

So kommen auch zu uns die Autoren der Komischen Oper, ihre Schauspieler und Schauspielerinnen, öfter aber die Unternehmer, Corbie und Moette, alles Leute von Geschick und vorzüglichen Verdiensten.

Ach, ich vergaß die großen Kritiker der Literatur: "L'Avant-Coureur", "Les Petites Affiches", "L'Année littéraire", "L'Observateur littéraire", "Le Censeur hebdomadaire", das ganze Gezücht der Blättler.

Ich Die "Année litteraire", der "Observateur littéraire"? Das ist nicht möglich, die verabscheuen sich.

Er Das ist wahr, aber alle Bettler versöhnen sich um den hölzernen Suppennapf. Der verfluchte Observateur littéraire, daß der Teufel ihn und seine Blätter geholt hätte! Das ist der Hund, der kleine geizige Priester, der stinkende Wuchrer, der Ursache ist an meinem Unglück. Gestern erschien er zum erstenmal an unserm Horizont, zur Stunde, die uns alle aus unsern Löchern treibt, zur Stunde des Mittagsessens. Glücklich, wenn es schlechtes Wetter ist, glücklich derjenige unter uns, der ein Vierundzwanzigsousstück in seiner Tasche hat, um den Wagen zu bezahlen. Da spottet man wohl über seinen Mitbruder, der bis an den Rückgrat schmutzig und bis auf die Knochen genetzt erscheint, und kommt abends doch wohl selbst ebenso zugerichtet in seine Wohnung zurück. Ja, es war einmal einer, der vor einigen Monaten einen heftigen Streit mit dem Savoyarden unserer Türe hatte. Sie standen auf Rechnung miteinander, der Gläubiger wollte bezahlt sein, der Schuldner war nicht bei Gelde und konnte doch nicht hinauf, ohne durch jenes Hände gegangen zu sein.

Es wird aufgetragen, man erzeigt dem Abbé die Ehre, ihn obenan zu setzen. Ich trete hinein und werde ihn gewahr. – Wie, sagte ich, Abbé, Ihr präsidiert? Das ist gut für heute; aber morgen, wenn's Euch beliebt, rückt Ihr um einen Teller herunter, und so immer von Teller zu Teller, bis Ihr von dem Platz, den ich auch einmal eingenommen, Fréron einmal nach mir, Dorat einmal nach Fréron, Palissot einmal nach Dorat, bis Ihr endlich stationär werdet neben mir armen platten Schuft Euresgleichen, che siedo sempre come un maestoso c-o fra duoi c-i.

Der Abbé, ein guter Teufel, der alles leicht nimmt, lachte dazu, auch Mademoiselle, von der Wahrheit meiner Bemerkung und der Richtigkeit meiner Vergleichung durchdrungen, lachte gleichfalls. Alle, die neben ihm zur Rechten und Linken saßen oder die er um einen Kerbschnitt heruntergedrängt hatte, fingen an zu lachen. Alle Welt lacht, ausgenommen der Herr, der böse wird und mir Reden hält, die nichts bedeutet hätten, wenn wir allein gewesen wären. – Rameau, Ihr seid ein impertinenter Bursche – Ich weiß es: denn auf diese Bedingung habt Ihr mich aufgenommen – Ein Schuft – Wie ein andrer – Ein Bettler – Wäre ich sonst hier? – Ich werde Euch hinauswerfen lassen – Nach Tische werde ich von selbst gehen – Das rat ich Euch ... Man speiste, und ich verlor keinen Bissen. Nachdem ich gut gegessen und reichlich getrunken hatte: denn im ganzen wäre es nicht mehr noch weniger gewesen, Messer Gaster ist eine Person, mit der ich niemals getrutzt habe, jetzt entschloß ich mich und schickte mich an zum Weggehen: denn ich hatte doch in Gegenwart von so vielen mein Wort verpfändet, daß ich's wohl halten mußte. Ich brauchte viel Zeit, um in dem Zimmer herum nach Hut und Stock zu suchen, wo sie nicht waren.

Immer dacht ich, der Patron würde sich abermals in Schimpfwörtern auslassen, jemand würde als Mittelsperson auftreten und wir würden uns zuletzt vor lauter Zanken wieder versöhnen. Ich drehte mich und drückte mich: denn ich hatte nichts auf dem Herzen. Aber der Patron, düstrer und schwärzer als Apollo beim Homer, da er seine Pfeile unter das Heer der Griechen schießt, die Mütze noch einmal so tief als gewöhnlich eingedrückt, ging im Zimmer hin und wider, die Faust unter dem Kinn.

Mademoiselle nahte sich mir: Aber Mademoiselle was gibt's denn besonders? War ich denn heute von mir selbst verschieden? – Ihr sollt fort – Ich will fort; aber ich habe den Patron nicht beleidigt – Verzeiht mir, man lädt den Herrn Abbé und ... – Der Patron hat gefehlt, daß er den Abbé einlud, daß er mich aufnahm, und mit mir so viele schöne Wesen als ich bin – Frisch, kleiner Rameau, Ihr müßt mir den Herrn Abbé um Verzeihung bitten – Was brauch ich die? – Fort, fort! das wird sich alles geben – Sie nimmt mich bei der Hand, sie zieht mich gegen den Sessel des Abbé; (ich breite die Arme aus, ich sehe den Abbé mit einer Art von Verwunderung an, denn wer hat je den Abbé um Verzeihung gebeten? –) Abbé, sage ich, das ist alles doch sehr lächerlich, nicht wahr? – und dann fang ich an zu lachen, und er auch. Da war ich nun von einer Seite entschuldigt, nun mußte ich aber zur andern, und was ich da zu sagen hatte, war von andrer Sorte. Ich weiß nicht recht mehr, wie ich meine Entschuldigung wendete: Mein Herr, hier ist der Narr... – Schon zu lange ist er mir beschwerlich, ich will nichts mehr von ihm wissen – Man ist erzürnt – Ja sehr erzürnt – Das soll nicht mehr begegnen. – Beim ersten Schuften... –

Ich weiß nicht, war er gerade diesen Tag von solcher Laune, wo Mademoiselle ihn nur mit Samthandschuhen anzurühren traut, oder verstand er nicht recht, was ich sagte, oder sprach ich nicht recht? genug, es war schlimmer als vorher. Was Teufel, kennt er mich denn nicht, weiß er denn nicht, daß ich wie die Kinder bin und daß es Umstände gibt, wo ich alles unter mich gehen lasse? Und, Gott, verzeih mir! soll ich mir's denn nicht auch einmal bequem machen? Eine Gliederpuppe von Stahl könnte man abnutzen, wenn man von Morgen bis in die Nacht am Faden zöge. Ich muß ihnen die Zeit vertreiben, das ist meine Bedingung; aber ich muß mir manchmal doch auch einen Spaß machen. Mitten in dieser Verworrenheit ging mir ein unglücklicher Gedanke durch den Kopf, ein Gedanke, der mir Trutz einflößte, ein Gedanke, der mich zur Kühnheit, zur Insolenz erhob, nämlich, daß man mich nicht missen könne, daß ich ein wesentlicher Mann sei.

"... ich sehe den Abbé mit einer Art von Verwunderung an ..."

Ich Ja, ich glaube, daß Ihr ihnen sehr nützlich seid, aber daß sie es Euch noch mehr sind. Ihr findet nicht, wenn Ihr wollt, ein so gutes Haus wieder; aber sie, für einen Narren, der ihnen abgeht, finden sie hundert.

Er Hundert Narren wie mich, Herr Philosoph, die sind nicht so gemein! ja platte Narren. Aber in betreff der Narrheit nimmt man's genauer als bei Talent und Tugend. Ich bin selten in meiner Art, ja sehr selten. Jetzt, da sie mich nicht mehr haben, was machen sie? Sie haben Langeweile wie die Hunde. Ich bin ein unerschöpflicher Sack von Albernheiten. Alle Augenblick tat ich einen Ausfall, der sie bis zu Tränen lachen machte. Ich war für sie ein ganzes Tollhaus.

Ich Auch hattet Ihr Tisch, Bett, Kleid, Weste und Hosen, Schuhe und eine Pistole monatlich.

Er Das ist die schöne Seite, das ist der Gewinn. Aber von den Lasten sagt Ihr nichts. Erhob sich ein Gerücht, ein neues Theaterstück sei im Werke, was für Wetter auch war, mußte ich in allen Pariser Dachstuben herumstöbern, bis ich den Verfasser gefunden hatte. Ich mußte mir das Stück zum Lesen verschaffen und ganz künstlich merken lassen, darin sei eine Rolle, die eine meiner Bekanntschaft vortrefflich spielen würde – Und wer denn? wenn's beliebt – Wer denn? schöne Frage! Es sind die Grazien, die Zierlichkeit, die Feinheit – Mademoiselle Dangeville wollt Ihr sagen. Solltet Ihr sie vielleicht kennen? – Ja, ein wenig; aber sie ist es nicht – Und wer denn? – Ganz leise sprach ich den Namen – Sie! – Ja, sie, versetzt ich ein wenig beschämt, denn manchmal hab ich auch Schamhaftigkeit, und bei dem Namen hätte man sehen sollen, wie das Gesicht des Poeten sich verlängerte, und manchmal, wie man mir ins Gesicht lachte. Indessen, er mochte wollen oder nicht, sollte ich meinen Mann zum Mittagessen herbeischaffen, und er, der sich vor Verbindlichkeiten fürchtete, zog sich zurück, dankte. Und dann mußte man sehen, wie ich behandelt ward, wenn ich das Geschäft nicht glücklich durchsetzte. Da war ich ein Tropf, ein dummer, schwerfälliger Bursche zu nichts nütze, das Glas Wasser nicht wert, das mir gereicht ward. Schlimmer ging's noch, wenn's zur Aufführung kam und ich unerschrocken mitten unter dem Hohngeschrei des Publikums, das richtig urteilt, man mag sagen was man will, mein einzelnes Klatschen mußte vernehmen lassen. Alle Blicke fielen dann auf mich, und ich leitete manchmal das Pfeifen von der Schauspielerin ab und auf mich herunter. Da hört ich neben mir lispeln: Das ist einer von den verkleideten Bedienten ihres Liebhabers. Der Schuft! wird er schweigen? ... Niemand weiß, was dazu bestimmen kann, man glaubt, es sei Albernheit, indessen es ein Beweggrund ist, der alles entschuldigt.

Ich Und selbst die Übertretung der bürgerlichen Gesetze.

Er Am Ende lernte man mich kennen und sagte: O es ist Rameau ... Mein Rettungsmittel war, einige ironische Worte drein zu werfen, die mein einzelnes Klatschen vom Lächerlichen retteten. Man legte es im Gegensinn aus. (Gesteht, daß es einen mächtigen Nutzen braucht, um so dem versammelten Publikum zu trotzen, und daß jede dieser Frohnen mehr als einen schäbigen Taler wert war.)

Ich Warum wendetet Ihr Euch nicht an die Wache?

Er Das kam auch vor, doch nicht gern. Ehe es zum Richtplatz ging, mußte man sich das Gedächtnis mit glänzenden Stellen anfüllen, wo es Zeit war, den Ton zu geben. Begegnete es mir, sie zu vergessen, oder mich zu vergreifen, so hatte ich das Unglück bei meiner Rückkehr. Das war ein Lärm, wovon Ihr keinen Begriff habt. Und dann immer ein Kuppel Hunde zu füttern! Es ist wahr, ich hatte mir albernerweise dieses Geschäft selbst aufgelegt. Nicht weniger die Katzen, über die ich die Oberaufsicht hatte. Ich war nur zu glücklich, wenn Micou mich mit der Tatze begünstigte und mir die Manschette oder die Hand zerriß. Criquette hat oft Kolik, und da reib ich ihr den Bauch. Sonst hatte Mademoiselle Vapeurs, jetzt sind's die Nerven. Ich rede nicht von andern leichten Indispositionen, derenthalben man sich vor mir nicht Zwang antut. Das mag hingehen. Meine Sache war's niemals, jemand lästig zu sein. Ich las, ich weiß nicht wo, daß ein Fürst mit dem Namen der Große manchmal über die Rücklehne des Nachtstuhls seiner Mätresse gebeugt stand. Man macht sich's bequem mit seinen Hausgenossen, und das war ich damals mehr als jemand. Ich bin der Apostel der Familiarität, der Bequemlichkeit, ich predigte sie durch

Beispiel, ohne daß man es hoch aufnahm, ich konnte mich nur gehen lassen. Nun hab ich Euch den Patron zum besten gegeben. Mademoiselle fängt an ein wenig schwer zu werden, man erzählt die lustigsten Märchen.

Ich Ich hoffe doch nicht Ihr?

Er Warum nicht?

Ich Es ist wenigstens unanständig seine Wohltäter lächerlich machen.

Er Aber ist es nicht noch schlimmer, sich durch Wohltaten berechtigt glauben, den Begünstigten zu erniedrigen?

Ich Aber wenn der Begünstigte nicht schon von selbst niedrig wäre, nichts würde dem Gönner diese Macht verleihen.

Er Aber wenn die Personen nicht lächerlich von selbst wären, so gäb es keine hübschen Märchen. Und ist es denn mein Fehler, daß sie sich mit Lumpen bepacken, und wenn sie mit Lumpen bepackt sind, daß man sie verrät, sie in den Kot schleift? Entschließt man sich, mit Leuten zu leben, wie wir sind, und man hat nur Menschenverstand, so muß man sich auf den schwärzesten Undank gefaßt machen. Wenn man uns aufnimmt, kennt man uns nicht als das, was wir sind, als eigennützige, niederträchtige, treulose Seelen? Kennt man uns, so ist alles getan. Es besteht nun eine stillschweigende Übereinkunft, daß man uns Gutes tun wird und daß wir, früher oder später, das Gute mit Bösem vergelten werden. Diese Übereinkunft, besteht sie nicht zwischen dem Menschen und seinem Affen und seinem Papagei?

Was erhebt Le Brun für ein Geschrei, daß Palissot, sein Tischgenoß, sein Freund, gegen ihn Spottreime gemacht hat! Palissot hat Spottreime machen müssen, und Le Brun hat unrecht. Poinsinet erhebt ein lautes Geschrei, daß Palissot ihm die Reime gegen Le Brun aufbürdet. Palissot hat Poinsineten die Reime aufbürden müssen, die er gegen Le Brun gemacht hat, und Poinsinet hat unrecht. Der kleine Abbé Rey erhebt ein lautes Geschrei, daß sein Freund Palissot ihm seine Mätresse weggeschnappt hat, zu der er ihn einführte. Er hätte Palissot nicht bei seiner Mätresse einführen sollen, oder er mußte sich gleich entschließen sie zu verlieren. Palissot hat seine Schuldigkeit getan, und der Abbé Rey hat unrecht. (Der Buchhändler David erhebt ein lautes Geschrei, daß sein Compagnon Palissot mit seiner Frau geschlafen hat oder schlafen wollte; die Frau des Buchhändlers David erhebt ein lautes Geschrei, daß Palissot jeden, der es wollte, glauben ließ, daß er mit ihr geschlafen hat; ob Palissot mit der Frau des Buchhändlers geschlafen hat, ist schwer zu entscheiden, weil die Frau leugnen mußte, was geschah, und Palissot glauben lassen konnte, was nicht geschah. Wie dem auch sei, Palissot hat seine Pflicht getan, und David und seine Frau haben unrecht.)

Mag Helvétius ein lautes Geschrei erheben, daß Palissot ihn als einen schlechten Mann aufs Theater bringe, ihn, dem Palissot noch Geld schuldig ist, das er ihm borgte, um sich kurieren zu lassen, sich zu nähren, sich zu kleiden. Sollte sich der Wohltäter eine andre Behandlung erwarten von Seiten des Mannes, der mit allen Arten von Schändlichkeit befleckt ist, der zum Zeitvertreib seinen Freund die Religion abschwören läßt, der sich der Güter seiner Gesellen bemächtigt, der weder Treue, noch Gesetz, noch Gefühl kennt, der nach dem Glück läuft per fas et nefas, der seine Tage nach seinen Verbrechen zählt, der sich selbst auf dem Theater als einen der gefährlichsten Schelmen dargestellt hat; eine (Unverschämtheit), wovon schwerlich ein Beispiel vorhanden ist, noch sich künftig finden wird. Nein, es ist also nicht Palissot, es ist Helvétius der unrecht hat. Wenn man einen jungen Burschen aus der Provinz in den Tiergarten von Versailles bringt und er aus Dummheit die Hand durchs Gitter, zum Tiger oder Panther, hineinstreckt und der Bursche seinen Arm in dem Rachen des wilden Tieres läßt, wer hat dann unrecht? Das alles ist im stillschweigenden Vertrag enthalten. Desto schlimmer für den, der ihn nicht kennt oder vergißt.

Wie viele Menschen lassen sich nicht durch diesen allgemeinen und heiligen Vertrag entschuldigen, die man der Bosheit anklagt, indessen daß man nur sich der Dummheit anklagen sollte. Ja, dicke Gräfin, Ihr habt schuld, wenn Ihr um Euch her solches Volk versammelt, das man in Eurer Sprache Espèces nennt. Wenn diese Especen Euch Schlechtigkeiten begehen und Euch zu Schlechtigkeiten verleiten und ehrliche Leute gegen

Euch aufbringen, so tun die Rechtlichen was sie sollen, und die Especen auch. Ihr aber habt unrecht, sie aufzunehmen. Lebte Bertinus ruhig und still mit seiner Geliebten, hätten sie sich durch die Rechtlichkeit ihres Charakters rechtliche Bekanntschaften erworben, hätten sie um sich her talentvolle Männer berufen, durch ihre Tugenden bekannte Männer, hätten sie einer kleinen erlesenen und erleuchteten Gesellschaft die Stunden aufbewahrt, die sie der Süßigkeit, zusammen zu sein, sich zu lieben und sich's im stillen zu sagen, entziehen mochten, glaubt Ihr, daß man gute oder schlimme Märchen auf sie gemacht hätte? Aber was ist ihnen begegnet? Was sie verdienten. Sie sind wegen ihrer Unklugheit gestraft. Uns hatte die Vorsehung von Ewigkeit her bestimmt, Gerechtigkeit zu üben am jedesmaligen Bertin, und wer uns unter unsern Enkeln gleicht, ist bestimmt, Gerechtigkeit zu üben an den Montsauges und Bertins der Zukunft.

Aber indessen wir ihre gerechten Beschlüsse an der Albernheit vollstrecken, was würdet Ihr sagen, die Ihr uns darstellt, wie wir sind, und jene gerechten Ratschlüsse an uns vollstreckt, wenn wir verlangten, daß wir mit schändlichen Sitten der allgemeinen Achtung genießen sollten? Nicht wahr, daß wir toll sind? Aber jene, die ein rechtliches Betragen von Seiten lasterhafter Menschen, weggeworfner und niedriger Charaktere erwarten, sind denn die klug? Alles erhält seinen wahren Lohn in dieser Welt. Es gibt zwei Generalprokuratoren, einer der Euch aufpaßt und die Verbrechen gegen die Gesellschaft bestraft, die Natur ist der andre. Diese kennt alle Laster, welche den Gesetzen entwischen. Überlaßt Euch der Liederlichkeit, Ihr werdet wassersüchtig. Seid Ihr ein Trunkenbold, so werdet Ihr lungensüchtig. Öffnet Eure Türe dem Lumpengesindel und lebt mit ihnen, Ihr werdet verraten, ausgepfiffen und verachtet sein. Das kürzeste ist, sich diesen billigen Urteilen unterwerfen und sich sagen, man schüttle seine Ohren, man verbeßre sich oder man bleibe was man ist; aber auf obige Bedingungen.

Ich Ihr habt recht.

Er Übrigens, was die bösen Märchen betrifft, ich erfinde keins. Ich halte mich an die Rolle des Umträgers. Sie sagen vor einiger Zeit (habe man um fünf Uhr morgens einen tollen Lärm gehört; alle Schellen läuteten; da waren die stockenden, dumpfen Schreie eines Erstickenden: "Helft mir, Hilfe, ich ersticke, ich sterbe." Diese Schreie kamen aus dem Gemach des Patrons. Man kommt, man eilt zu Hilfe. Unser dickes Geschöpf mit verwirrtem Verstand, die nicht mehr ganz da war, nichts mehr sah, wie es in diesem Augenblick kommen mag, trieb ihre Bewegung weiter an, stemmte sich auf beide Hände, so hoch sie konnte, und ließ auf die zufälligen Teile ein Gewicht von zwei- bis dreihundert Pfund fallen, gehetzt von der Hurtigkeit, welche die Raserei der Wollust gibt. Man hatte viel Mühe, ihn davon zu befreien. Was ein Teufelseinfall auch für ein Hämmerchen, unter einem schweren Amboß Platz zu nehmen.)

Hier erzählt Rameau von seinen Wohltätern ein skandalöses Märchen, das zugleich lächerlich und infamierend ist, und seine Mißreden erreichen ihren Gipfel.

Ich Ihr seid ein Polisson. Laßt uns von was anderem reden. Seitdem wir schwätzen, habe ich eine Frage auf den Lippen.

Er Warum haltet Ihr sie so lange zurück?

Ich Weil ich fürchtete zudringlich zu sein.

Er Nach dem was ich Euch offenbart habe, wüßt ich nicht, was ich noch geheim vor Euch haben könnte.

Ich Ihr zweifelt nicht, was ich von Eurem Charakter halte?

Er Keinesweges. Ich bin in Euern Augen ein sehr verworfnes Wesen, ich bin es auch in den meinigen aber selten, und ich wünsche mir öfter zu meinen Lastern Glück, als daß ich mich deshalb tadle. Ihr seid beständiger in Eurer Verachtung.

Ich Es ist wahr. Mir Eure ganze Schändlichkeit zu zeigen!

Er Kanntet Ihr doch schon einen guten Teil und ich glaubte mehr zu gewinnen als zu verlieren, wenn ich Euch den Überrest bekannte.

Ich Und wie das, wenn's beliebt?

Er Wenn es bedeutend ist, sublim in irgendeiner Art zu sein, so ist es besonders im Bösen. Man spuckt auf einen kleinen Schelm, aber man kann einem großen Verbrecher eine Art Achtung nicht verweigern. Sein Mut setzt Euch in Erstaunen, seine Grausamkeit macht Euch zittern, mehr ehrt überall die Einheit des Charakters.

Ich Aber diese schätzbare Einheit des Charakters habt Ihr noch nicht. Ich finde Euch von Zeit zu Zeit wankend in Euern Grundsätzen. Es ist ungewiß, ob Ihr bösartig von Natur oder durch Bemühung seid und ob Euch die Bemühung so weit geführt hat als möglich.

Er Ihr mögt recht haben; aber ich habe mein Bestes getan. Bin ich nicht bescheiden genug, vollkommnere Wesen über mir zu erkennen? Habe ich Euch nicht von Bouret mit der tiefsten Bewunderung gesprochen? Bouret ist der erste Mensch in der Welt nach meiner Meinung.

Ich Aber unmittelbar nach Bouret kommt Ihr?

Er Nein!

Ich Also Palissot?

Er Freilich Palissot, aber nicht Palissot allein.

Ich Und wer kann wohl wert sein, die zweite Stelle mit ihm zu teilen?

Er Der Renegat von Avignon.

Ich Vom Renegaten von Avignon habe ich niemals reden hören; aber es muß ein erstaunlicher Mann sein.

Er Das ist er auch.

Ich Die Geschichte großer Personen hat mich immer interessiert.

Er Ich glaube es wohl. Dieser lebte bei einem guten, redlichen Abkömmling Abrahams, deren dem Vater der Gläubigen eine den Sternen gleiche Anzahl versprochen ward.

Ich Bei einem Juden.

Er Bei einem heimlichen Juden. Erst hatte er das Mitleiden, dann das Wohlwollen, dann ein völliges Zutrauen zu gewinnen verstanden. Wir zählen dergestalt auf unsre Wohltaten, daß wir selten unser Geheimnis dem verschweigen, den wir mit Güte überfüllten. Wie soll's nun da keine Undankbaren geben, wenn wir den Menschen der Versuchung aussetzen, es ungestraft sein zu können? Das ist eine richtige Betrachtung, die unser Jude nicht anstellte. Er vertraute deshalb dem Renegaten, daß er mit gutem Gewissen kein Schweinefleisch essen könne. Hört nun, was ein fruchtbarer Geist aus diesem Bekenntnis zu bilden vermochte. Einige Monate gingen vorbei, und unser Renegat verdoppelte seine Aufmerksamkeit. Als er nun seinen Juden durch so viel Mühe genugsam gerührt, eingenommen, überzeugt hatte, daß kein beßrer Freund in allen Stämmen Israels zu suchen sei ... Bewundert mir die Vorsichtigkeit des Menschen. Er eilt nicht, er läßt den Apfel reif werden, ehe er den Ast schüttelt. Zu viel Lebhaftigkeit konnte das Projekt zerstören: denn gewöhnlich entsteht die Größe des Charakters aus einem natürlichen Gleichgewicht mehrerer entgegengesetzten Eigenschaften.

Ich Ich erlaß Euch Eure Betrachtungen, fahrt in der Geschichte fort.

Er Das geht nicht. Es sind Tage, wo ich Betrachtungen anstellen muß. Das ist eine Krankheit, die man ihrem Lauf zu überlassen hat. Wo war ich denn?

Ich Bei der genauen Verbindung des Juden und des Renegaten.

Er Nun war der Apfel reif ... Aber Ihr hört mir nicht zu, auf was sinnt Ihr?

Ich Ich sinne über die Ungleichheit Eures Tons. Ihr sprecht bald hoch, bald tief.

Er Kann die Stimme eines Lasterhaften eine Einheit haben? ... Endlich abends kommt er zu seinem guten Freund mit zerstörter Miene, gebrochner Stimme, totenbleichem Gesicht, an allen Gliedern zitternd. – Was habt Ihr? – Wir sind verloren – Verloren und wie? – Verloren, sage ich, verloren ohne Rettung – Erklärt Euch – Geduld einen Augenblick, daß ich mich von meinem Schrecken erhole. – So erholt Euch, sagte der Jude, anstatt ihm zu sagen, du bist ein abgefeimter Spitzbube. Ich weiß nicht, was du für Nachricht bringst; aber du bist ein Spitzbube. Du spielst den Erschrockenen.

Ich Und warum sollte der Jude so sagen?

Er Weil der Renegat in seiner Verstellung das Maß überschritten hatte. Das ist klar für mich. Unterbrecht mich nicht weiter. – Wir sind verloren, verloren ohne Rettung ... Fühlt Ihr nicht die Affektation dieses wiederholten verloren? ... Ein Verräter hat uns bei der Inquisition angegeben, Euch als Juden, mich als Renegaten, als infamen Renegaten. – Seht, wie der Spitzbube nicht errötet, sich der verhaßtesten Ausdrücke zu bedienen. Es braucht mehr Mut, als man denkt, um sich seinen wahren Titel zu geben. Ihr wißt nicht, was es kostet, um dahin zu gelangen.

Ich Freilich nicht. Aber der infame Renegat?

Er Ist falsch; aber seine Falschheit scheint sehr künstlich. Der Jude erschrickt, reißt sich den Bart aus, wälzt sich an der Erde. Er sieht die Häscher an seiner Türe, er sieht sich mit dem San Benito geziert, er sieht sein Autodafé bereitet. – Mein Freund, mein zärtlicher, mein einziger Freund, was zu tun? – Betragt Euch mit der größten Ruhe und Sicherheit, betragt Euch wie gewöhnlich. Die Prozedur des Tribunals ist heimlich, aber langsam; benutzt die Frist, um alles zu verkaufen. Ich miete oder lasse durch einen Dritten ein Schiff mieten, ja durch einen Dritten, das wird das beste sein. Wir bringen Euer Vermögen dahin: denn auf Euer Vermögen ist es vorzüglich angesehn. Und so wollen wir beide unter einem andern Himmel die Freiheit suchen, unserm Gott zu dienen, und in Sicherheit dem Gesetz Abrahams und unseres Gewissens gehorchen.

Das wichtigste in der gefährlichen Lage, in der wir uns befinden, ist, ja nichts Unkluges zu begehen ... Gesagt, getan. Das Schiff ist gemietet, mit Lebensmitteln und Matrosen versehen, das Vermögen des Juden ist an Bord. Morgen mit Anbruch des Tages fahren sie ab und können nun munter zu Nacht essen und sicher schlafen. In der Nacht steht der Renegat auf, nimmt des Juden Brieftasche, seinen Beutel, seine Juwelen, begibt sich an Bord und weg ist er. Und Ihr denkt wohl, das ist alles. Denkt Ihr? Ich sehe, Ihr seid der Sache nicht gewachsen. Ich, als man mir dieses Geschichtchen erzählte, riet ich gleich, was ich Euch verschwieg, um Euern Scharfsinn auf die Probe zu stellen. Ihr habt wohlgetan, ein ehrlicher Mann zu sein: denn Ihr wärt nur ein Schelmchen geblieben. Bis jetzt ist der Renegat nichts weiter, es ist ein verächtlicher Schuft, dem niemand gleichen möchte. Aber das Erhabene seiner Bosheit zeigt sich erst darin, daß er selbst seinen Freund, den Israeliten, angegeben hatte, daß die Inquisition diesen bei seinem Erwachen in Empfang nahm und nach einigen Tagen ein Lustfeuerchen mit ihm anstellte, und so war der Renegat ruhiger Besitzer des Vermögens dieses verfluchten Abkömmlings derer, die unsern Herrn gekreuzigt haben.

Ich Ich weiß nicht, wovor ich mich mehr entsetzen soll, vor der Verruchtheit des Renegaten oder vor dem Ton, mit dem Ihr davon sprecht.

Er Das ist, was ich Euch sagte. Die Schrecklichkeit der Handlung hebt Euch über die Verachtung weg. Das ist die Ursache meiner Aufrichtigkeit. Ihr solltet einsehen, wie hoch ich in meiner Kunst stehe, Ihr solltet bekennen, daß ich wenigstens original in meiner Erniedrigung sei, und solltet mich in Eurem Kopf in die Reihe der großen Taugenichtse setzen, dann wollt ich rufen: Vivat Mascarillus, fourbum Imperator! Nun lustig, Herr Philosoph, Chorus! Vivat Mascarillus, fourbum Imperator!

Und nun führte er einen ganz sonderbaren fugierten Gesang auf. Bald war die Melodie ernst und majestätisch, bald leicht und flatterhaft, bald ahmte er den Baß nach, bald eine Oberstimme, bezeichnete mit Armen und verlängertem Hals die gehaltnen Stellen, komponierte, führte sich selbst ein Triumphlied auf, wobei man wohl sah, daß er sich besser auf gute Musik als auf gute Sitten verstand.

Ich wußte nicht, sollte ich bleiben oder fliehen, lachen oder mich entrüsten. Ich blieb in der Absicht, die Unterhaltung auf irgendeinen Gegenstand zu lenken, der aus meiner Seele den Abscheu, wovon sie erfüllt war, vertreiben könnte. Die Gegenwart eines Menschen fing mir an unerträglich zu werden, der eine erschreckliche Tat, ein abscheuliches Verbrechen eben behandelte wie ein Kenner der Malerei oder Poesie die Schönheiten irgendeines vortrefflichen Werkes oder ein Moralist, ein Historiker die Umstände einer heroischen Handlung erhebt und lebhaft darstellt. Wider meinen Willen ward ich finster. Er bemerkte es und sagte:

Was habt Ihr? befindet Ihr Euch übel?

Ich Ein wenig, aber das geht vorüber.

Er Ihr habt das grämliche Ansehn eines Menschen, der von beschwerlichen Gedanken gepeinigt wird.

Ich So ist's auch.

Nachdem wir beide einen Augenblick geschwiegen hatten, indem er pfeifend und singend auf und nieder ging, sagte ich, um ihn auf sein Talent zurückzuführen: Was macht Ihr jetzt?

Er Nichts!

Ich Das ist sehr ermüdend.

Er Ich war schon dumm genug, nun habe ich diese Musik von Duni und andern jungen Komponisten gehört, die mich ganz närrisch macht.

Ich Billigt Ihr denn diese Art?

Er Ganz gewiß.

Ich Und Ihr findet Schönheit in diesen neuen Gesängen?

Er Ob ich Schönes drin finde? Bei Gott, dafür stehe ich Euch. Wie ist das deklamiert! welche Wahrheit, welcher Ausdruck!

Ich Alles Nachgeahmte hat sein Muster in der Natur. Was ist das Muster des Tonkünstlers, wenn er einen Gesang hervorbringt?

Er Warum nehmt Ihr die Sache nicht höher? Was ist denn ein Gesang?

Ich Gesteh ich Euch, diese Frage geht über meine Kräfte. So sind wir alle. Wir haben im Gedächtnis nur Worte, die wir zu verstehen glauben, weil wir uns ihrer oft bedienen und sie sogar richtig anwenden. So haben wir auch im Verstand nur unbestimmte Begriffe. Sprech ich das Wort Gesang aus, so habe ich davon keinen bestimmtem Begriff als Ihr und die meisten Euresgleichen, wenn sie aussprechen: Reputation, Schande, Ehre, Laster, Tugend, Scham, Anstand, Beschämung, Lächerliches.

Er Der Gesang ist eine Nachahmung durch Töne einer durch Kunst erfundenen oder, wenn es Euch beliebt, durch Natur eingegebenen Tonleiter, sie werde nun durch Stimmen oder Instrumente dargestellt, eine Nachahmung physischer Laute oder leidenschaftlicher Töne, und Ihr seht, daß mit gehöriger Veränderung sich die Definition der Malerei, der Redekunst, der Skulptur und Poesie wohl anpassen ließe. Nun, auf Eure Frage zu kommen: was ist das Muster des Musikers oder des Gesanges? Es ist die Deklamation, wenn das Muster lebendig und empfindend ist, es ist der Klang, wenn das Muster unbelebt ist. Man muß die Deklamation wie eine Linie ansehen und den Gesang wie eine andre Linie, die sich um die erste herschlängelt. Je mehr diese Deklamation, Muster des Gesangs, stark und wahr ist, an je mehr Punkten der Gesang, der sich ihr gleichstellt, sie durchschneidet, desto wahrer, desto schöner wird er sein. Und das haben unsre jungen Musiker gar wohl gefühlt. Wenn man hört: *Je suis un pauvre diable*, so glaubt man die Klage eines Geizigen zu vernehmen. Sänge er nicht, so würde er in denselbigen Tönen zur Erde sprechen, wenn er ihr sein Gold vertraut und zu ihr sagt: *O terre, reçois mon trésor*. Und nun das kleine Mädchen, das sein Herz klopfen fühlt, das rot wird, sich verwirrt und den gnädigen Herrn bittet, sie loszulassen, würde sie sich anders ausdrucken?

In diesen Werken gibt es die verschiedensten Charaktere, eine unendliche (Mannigfaltigkeit) von Deklamation, das ist vortrefflich. Ich sag es Euch. Geht! geht! die Arie zu hören, wo der junge Mann, der sich sterben fühlt, ausruft: *Mon cuœr s'en va.* Hört den Gesang, hört die Begleitung und sagt mir nachher, welch ein Unterschied sei zwischen den wahren Tönen eines Sterbenden und der Wendung dieses Gesangs. Ihr werdet sehen, daß die Linie der Melodie ganz mit der Linie der Deklamation zusammenfällt. Ich rede nicht von dem Takt, der auch eine Bedingung des Gesangs ist, ich halte mich an den Ausdruck, und es ist nichts Wahreres als folgende Stelle, die ich irgendwo gelesen habe: Musices seminarium accentus, der Akzent ist die Pflanzschule der Melodie. Und darum überlegt nur, wie schwer und bedeutend es ist, ein gutes Rezitativ schreiben zu können. Es gibt keine schöne Arie, woraus man nicht ein schönes Rezitativ machen könnte, kein schönes Rezitativ, daraus ein geschickter Mann nicht eine schöne Arie ziehen sollte. Ich möchte nicht behaupten, daß einer, der gut rezitiert, auch gut singen werde; aber ich wäre sehr verwundert, wenn der, der gut singt, nicht gut rezitieren sollte. Und glaubt nur alles, was ich Euch da sage: denn es ist wahr.

Ich Von Herzen gern, wenn ich nur nicht durch eine kleine Bedenklichkeit abgehalten würde.

Er Und diese Bedenklichkeit?

Ich Wenn eine solche Musik sublim ist, so muß die des göttlichen Lully, des Campra, des Destouches, des Mouret und, unter uns gesagt, des lieben Onkels ein wenig platt sein.

Er (sich meinem Ohre nähernd): Ich wollte nicht, daß man mich hörte: denn hier sind viele Leute, die mich kennen. Sie ist's auch. Ich rede leise, nicht weil ich mich um den lieben Onkel bekümmere, den ihr immer lieb heißen mögt! aber von Stein ist er, und wenn mir die Zunge ellenlang aus dem Halse hinge, so gäbe er mir kein Glas Wasser. Nun mag er's auch mit der Oktave und Septime probieren: Hon, hon; hin, hin; tu, tu, tu; tur le tutu und dem sämtlichen Teufelslärm. Alle, die anfangen, sich darauf zu verstehen, und die das Getöse nicht mehr für Musik nehmen, werden sich niemals mehr daran befriedigen. Ja wenn man durch eine Polizeiverordnung den Personen aller Art und Standes verbieten könnte, das Stabat von Pergolese singen zu lassen. Das Stabat sollte man durch die Hand des Henkers verbrennen. Wahrhaftig, diese verfluchten Schalksnarren mit ihrer "Servante maîtresse", mit ihrem "Tracollo" haben uns einen gewaltigen Rippenstoß gegeben. Ehmals gingen "Tancrède", "Issé", "L'Europe galante", "Les Indes", "Castor", "Les Talents lyriques" vier, fünf, sechs Monate, die Vorstellungen "Armidens" wollten gar nicht endigen. Jetzt fällt das alles übereinander wie Kartenmänner.

Auch speien Rebel und Francœur deshalb Feuer und Flammen. Sie sagen, alles gehe verloren, sie seien zugrunde gerichtet, und wenn man länger diese Jahrmarktsänger dulde, so sei die Nationalmusik zum Teufel und die königliche Akademie im Sackgäßchen könne nur ihren Laden zumachen. Es ist wohl was Wahres dran. Die alten Perücken, die seit dreißig, vierzig Jahren alle Freitage zusammenkommen, anstatt sich wie sonst unterhalten zu sehen, haben Langeweile und gähnen, ohne zu wissen warum. Sie fragen sich und wissen nicht warum. Warum wenden sie sich nicht an mich? Dunis Weissagung wird erfüllt werden und den Weg, den das nimmt, will ich sterben, wenn in vier oder fünf Jahren, vom "Peintre amoureux de son modèle" an gerechnet, die Herren im berühmten Sackgäßchen nicht völlig auf den Hefen sind. Die guten Leute haben ihre Symphonien aufgegeben, um italienische Symphonien zu spielen. Sie haben geglaubt, ihre Ohren sollten sich an diese gewöhnen, ohne daß der bisherigen Vokalmusik Eintrag geschähe, eben als wenn die Symphonie sich nicht zum Gesang verhielte, abgezogen ein wenig Leichtfertigkeit, wozu der Umfang des Instruments, die Beweglichkeit der Finger einen wohl verleiten kann, wie sich der Gesang zur natürlichen Deklamation verhält. Ist der Violinist nicht der Affe des Sängers, der, wenn künftig das Schwere an die Stelle des Schönen treten wird, sich gewiß zum Affen des Violinisten macht? Der erste, der etwas von Locatelli spielte, war der Apostel der neuen Musik. Man heftet uns nichts mehr auf. Man wird uns an die Nachahmung der leidenschaftlichen Akzente, der Naturakzente, durch Gesang und Stimme und durchs Instrument gewöhnen: denn das ist der ganze Umfang musikalischer Gegenstände.

"Die Schalkheiten und Scherze des italienischen ... Theaters"

Und wir sollten unsern Geschmack für Aufflüge, Lanzen, Glorien, Triumphe, Viktorien behalten? " *Va-t'en voir s'ils viennent, Jean.*" Sie haben sich eingebildet, sie wollten weinen oder lachen in musikalischen Tragödien oder Komödien, man könnte vor ihre Ohren die Akzente der Wut, des Hasses, der Eifersucht, die wahren Klagen der Liebe, die Schalkheiten und Scherze des italienischen oder französischen Theaters bringen, und sie könnten fortfahren, "Ragonde" und "Platée" zu bewundern.

Die Herren schneiden sich gewaltig. Sie bilden sich ein, sie könnten erfahren und empfinden, mit welcher Leichtigkeit, welcher Biegsamkeit, welcher Weichheit die Harmonie, die Prosodie, die Ellipsen, die Inversionen der italienischen Sprache sich der Kunst anbieten, der Bewegung, dem Ausdruck, den Wendungen des Gesangs, dem gemessenen Wert der Töne, und könnten dabei fernerhin ignorieren, wie ihre Sprache schroff, dumpf, schwerfällig, schwer, pedantisch und eintönig ist. Eh! ja ja! Warum nicht gar! Sie haben sich überredet, daß, nachdem sie Tränen mit den Tränen einer Mutter über den Tod eines Sohnes vergossen, nachdem sie beim Befehl eines mordgebietenden Tyrannen gezittert, daß sie nicht Langeweile haben würden bei ihrer Feerei, bei ihrer abgeschmackten Mythologie, bei ihren kleinen süßlichen Madrigalen, welche nicht weniger den bösen Geschmack des Poeten als den Jammer der Kunst bezeichnen, die sich so etwas gefallen läßt. Gute Leute! So ist's nicht und kann's nicht sein. Das Wahre, das Gute, das Schöne haben ihre Gerechtsame. Man bestreitet sie, aber man endigt mit Bewunderung. Was nicht mit diesem Stempel bezeichnet ist, man bewundert's eine Zeitlang, aber man endigt mit Gähnen. So gähnt denn, liebe Herren, gähnt nach Bequemlichkeit und laßt euch nicht stören. Das Reich der Natur setzt sich ganz sachte fest, das Reich meiner Dreieinigkeit, gegen welche die Pforten der Hölle nichts vermögen. Das Wahre, das der Vater ist, der das Gute zeugt, das der Sohn ist, aus dem das Schöne hervorgeht, das der heilige Geist ist. Dieser fremde Gott setzt sich bescheiden auf den Altar, an die Seite des Landesgötzen.

"... an die Seite des Landesgötzen ..."

Nach und nach gewinnt er Platz, und an einem hübschen Morgen gibt er mit dem Ellbogen seinem Kameraden einen Schub, und Bauz! Baradauz! der Götze liegt am Boden. So sollen die Jesuiten das Christentum in China und in Indien gepflanzt haben, und eure Jansenisten mögen sagen, was sie wollen, diese politische Methode, die zum Zweck führt, ohne Lärm, ohne Blutvergießen, ohne Märtyrer, ohne einen ausgerauften Schopf, dünkt mich die beste.

"Und wenn man länger diese Jahrmarktsänger dulde, so sei die Nationalmusik zum Teufel." (Bildnis Rebels)

Ich Es ist etwas Vernunft in allem, was Ihr da sagt.

Er Vernunft? desto besser. Der Teufel hole mich, wenn ich darauf ausgehe. Das kommt gelegentlich. Bin ich doch wie die Musiker in der Sackgasse, als mein Onkel erschien. Treff ich's, meinetwegen. Ein Köhlerjunge wird immer besser von seinem Handwerk sprechen als eine Akademie und alle Duhamels der Welt.

Und dann spaziert er auf und ab und murmelt einige Arien aus der "Ile des Fous", dem "Peintre amoureux de son modèle", dem "Maréchal ferrant", der "Plaideuse" – und von Zeit zu Zeit ruft er mit aufgehobenen Augen und Händen aus: Ob das schön ist? bei Gott! ob das schön ist? Ob man ein Paar Ohren am Kopf haben und eine solche Frage tun kann? – Nun ward er wieder leidenschaftlich und sang ganz leise, dann erhob er den Ton, nach Maßgabe, wie er sich mehr passionierte, dann kamen die Gebärden, das Verziehen des Gesichts und das Verzerren des Körpers. Nun sagte ich: Gut, er verliert den Kopf, und eine neue Szene ist zu erwarten. Wirklich bricht er auf einmal singend los: *Je suis un pauvre misérable ... – Monseigneur, Monseigneur, laissez-moi partir ... – O terre, reçois mon or, conserve bien mon trésor, mon âme, mon âme, ma vie! O terre! ... Le voilà le petit ami! ... Aspettare e non venire ... – A Zerbina penserete ... – Sempre in contrasti con te si sta ...* Er häufte und verwirrte dreißig Arien, italienische, französische, tragische, komische von aller Art Charakter. Bald mit einem tiefen Baß stieg er bis in die Hölle, dann zog er die Kehle zusammen und mit einem Fistelton zerriß er die Höhe der Lüfte, und mit Gang, Haltung, Gebärde ahmte er die verschiedenen singenden Personen nach, wechselsweise rasend, besänftigt, gebieterisch und spöttisch. Da ist ein kleines Mädchen, das weint, und er stellt die ganze kleine Ziererei vor. Nun ist er Priester, König, Tyrann, er droht, befiehlt, erzürnt sich, nun ist er Sklave und gehorcht. Er besänftigt sich, er verzweifelt, beklagt sich und lacht, immer im Ton, im Takt, im Sinn der Worte, des Charakters, des Betragens.

Alle die Schachspieler hatten ihre Bretter verlassen und sich um ihn versammelt, die Fenster des Kaffeezimmers waren von außen durch Vorbeigehende besetzt, welche der Lärm angehalten hatte. Es war ein Gelächter, daß die Decke hätte bersten mögen. Er ward nichts gewahr, er fuhr fort, ergriffen von einer solchen Entfremdung des Geistes, einem Enthusiasmus so nahe an der Tollheit, daß es ungewiß ist, ob er sich erholen wird, ob man ihn nicht in einen Mietwagen werfen und gerade ins Tollhaus führen muß, indem er ein Stück der Lamentationen des Jomelli singt.

Hier wiederholte er mit einer Präzision, einer Wahrheit, einer unglaublichen Wärme die schönste Stelle jeder Abteilung; das schöne obligate Rezitativ, wo der Prophet die Zerstörung Jerusalems malt, brachte er unter einem Strom von Tränen vor, und kein Auge blieb trocken. Mehr war nicht zu verlangen, an Zartheit des Gesangs, an Stärke des Ausdrucks und des Schmerzes. Er verweilte besonders bei den Stellen, wo sich der Tonkünstler vorzüglich als großen Meister bewiesen hatte. Verließ er den Teil des Gesangs, so ergriff er die Instrumente, und die verließ er wieder schnell, um zur Stimme zurückzukehren, eins ins andre verschlingend, daß die Verbindung, die Einheit des Ganzen erhalten wurde. So bemächtigte er sich unsrer Seelen und hielt sie in der wunderbarsten Lage schwebend, die ich jemals empfunden habe. Bewunderte ich ihn? Ja ich bewunderte. War ich gerührt und mitleidig? Ich war gerührt und mitleidig, doch ein lächerlicher Zug war in diese Gefühle verschmolzen und nahm ihnen ihre Natur.

Aber ihr wärt in Lachen ausgebrochen über die Art, wie er die verschiedenen Instrumente nachmachte. Mit aufgeblasenen strotzenden Wangen und einem rauhen dunkeln Ton stellte er Hörner und Fagott vor, einen schreienden näselnden Ton ergriff er für das Hautbois, mit unglaublicher Geschwindigkeit übereilte er seine Stimme, die Saiteninstrumente darzustellen, deren Tönen er sich aufs genaueste anzunähern suchte, er pfiff die kleinen Flöten, er kollerte die Querflöte, schrie, sang mit Gebärden eines Rasenden und machte ganz allein die Tänzer, die Tänzerinnen, die Sänger, die Sängerinnen, ein ganzes Orchester, ein ganzes Operntheater, sich in zwanzig verschiedene Rollen teilend, laufend, innehaltend, mit der Gebärde eines Entzückten, mit blinkenden Augen und schäumendem Munde.

"... er kollerte die Querflöte ..."

Es war eine Hitze zum Umkommen, und der Schweiß, der den Runzeln seiner Stirne, der Länge seiner Wange folgte, vermischte sich mit dem Puder seiner Haare, rieselte und befurchte den Oberteil seines Kleides. Was begann er nicht alles! Er weinte, er lachte, er seufzte, blickte zärtlich, ruhig oder wütend. Es war eine Frau, die in Schmerz versinkt, ein Unglücklicher, seiner ganzen Verzweiflung hingegeben, ein Tempel, der sich erhebt, Vögel, die beim Untergang der Sonne sich im Schweigen verlieren. Bald Wasser, die an einem einsamen und kühlen Orte rieseln oder als Gießbäche von Bergen herabstürzen, ein Gewitter, ein Sturm, die Klage der Umkommenden, vermischt mit dem Gezisch der Winde, dem Lärm des Donners, es war die Nacht mit ihren Finsternissen, es war der Schatten und das Schweigen, denn selbst das Schweigen bezeichnet sich durch Töne. Er war ganz außer sich. Erschöpft von Anstrengung, wie ein Mann, der aus einem tiefen Schlaf oder aus einer langen Zerstreuung hervortritt, blieb er unbeweglich, stumpf, erstaunt. Nun kehrt er seine Blicke um sich her, wie ein verwirrter Mensch, der den Ort, wo er sich befindet, wiederzuerkennen sucht. Er erwartet die Rückkehr seiner Kräfte, seines Bewußtseins, er trocknet maschinenmäßig sein Gesicht. Gleich einem, der beim Erwachen sein Bett von einer großen Menge Personen umgeben fände, so in einem völligen Vergessen, in einem tiefen

Unbewußtsein dessen, was er getan hat, ruft er im ersten Augenblick: Nun, meine Herren, was gibt's, was lacht Ihr, was erstaunt Ihr, was gibt's denn? ... Dann setzte er hinzu: Das heißt man eine Musik, einen Musiker. Indessen verachte man nicht gewisse Gesänge des Lully. Die Szene *J'attendrai* mache man besser, ohne die Worte zu verändern. Ich fordre jedermann auf. Verachte man nicht einige Stellen von Campra, die Violinstücke meines Onkels, seine Gavotten, seine kriegerischen Märsche, seine Priester- und Opferzüge. *Pâles flambeaux, nuit plus affreuse que les ténèbres ... – Dieux du Tartare, dieu de l'oubli ...* Da verstärkte er seine Stimme und hielt die Töne gewaltsam aus. Die Nachbarn steckten die Köpfe durch die Fenster, wir steckten unsre Finger in die Ohren. Er sagte: Hier muß man Lungen haben, ein großes Organ, Luft genug. Aber Himmelfahrt ist da, Fasten und Drei Könige sind vorbei, und sie wissen noch nicht, was sie in Musik setzen sollen, und daher auch nicht, was dem Tonkünstler frommt. Die lyrische Poesie soll noch geboren werden, aber sie kommen schon noch dazu, hören sie nur genug den Pergolese, den Sachsen, Terradeglias, Traëtta und andre, lesen sie nur Metastasio wiederholt, so kommen sie schon dazu.

Ich Und wie? Hätten Quinault, La Motte, Fontenelle nichts davon verstanden?

Er Nichts, was wir brauchen könnten. Es sind nicht sechs Verse hintereinander in allen ihren allerliebsten Gedichten, die man in Musik setzen könnte. Es sind geistreiche Sprüche, zärtliche, zarte Madrigale. Aber um zu wissen, wie leer das von Hülfsmitteln für unsre Kunst ist, für die gewaltsamste der Künste, selbst die Kunst des Demosthenes nicht ausgenommen, laßt Euch solche Stücke vorlesen, und sie erscheinen Euch kalt, ohnmächtig, eintönig: denn nichts ist drin, was dem Gesang zur Unterlage dienen könnte. Ebensogern komponierte ich die "Maximen" des Rochefoucault und die "Gedanken" des Pascal. Der tierische Schrei der Leidenschaft hat die Reihe zu bezeichnen, die uns frommt. Diese Ausdrücke müssen übereinander gedrängt sein, die Phrase muß kurz sein, der Sinn abgeschnitten, schwebend, damit der Musiker über das Ganze sowohl wie über die Teile herrsche, ein Wort auslasse oder wiederhole, eins hinzufüge, das ihm fehlt, das Gedicht wenden und umwenden könne, wie einen Polypen, ohne das Gedicht zu zerstören. Das macht die französische lyrische Poesie viel schwerer, als in Sprachen, welche Umwendungen zulassen und von selbst diese Bequemlichkeiten darbieten ... *Barbare, cruel, plonge ton poignard dans mon sein; me voilà prête à recevoir le coup fatal. Frappe, ose ... Ah! je languis, je meurs ... Un feu secret s'allume dans mes sens ... Cruel amour, que veux-tu de moi? Laisse-moi la douce paix dont j'ai joui ... rends-moi la raison* ... Die Leidenschaften müssen stark sein. Die Zärtlichkeit des lyrischen Poeten und des Musikus muß extrem sein. Die Arie ist fast immer am Schluß einer Szene. Wir brauchen Ausrufungen, Interjektionen, Suspensionen, Unterbrechungen, Bejahungen, Verneinungen, wir rufen, wir flehen, wir schreien, wir seufzen, wir weinen, wir lachen von Herzen.

Keinen Witz, keine Sinngedichte, keine hübschen Gedanken, das ist zu weit von der einfachen Natur. Und glaubt nur ja nicht, daß das Spiel der Theaterkünstler und ihre Deklamation uns zum Muster dienen könne. Pfui doch! Wir müssen es kräftiger haben, weniger manieriert, wahrer. Einfache Gespräche, die gemeine Stimme der Leidenschaft sind uns um so nötiger, als unsre Sprache monotoner ist und weniger Akzent hat. Der tierische Schrei, der Schrei des leidenschaftlichen Menschen bringt ihn hervor.

"Und glaubt nur ja nicht, daß das Spiel der Theaterkünstler ... uns zum Muster dienen könne."

Indessen er so zu mir sprach, hatte sich die Menge verlaufen, die uns erst umgab, entweder weil sie nichts verstand oder wenig Teil an seiner Rede nahm, denn gewöhnlich mag das Kind sich lieber unterhalten als sich unterrichten, und so waren sie dann wieder an ihrem Spiel und wir in unserm Winkel allein. Auf einer Bank sitzend, den Kopf wider die Mauer gelehnt, die Arme hängend, die Augen halb geschlossen, sagte er zu mir: Ich weiß nicht, wie mir ist; als ich hierher kam, war ich frisch und froh, und nun bin ich zerbrochen und zerschlagen, als wenn ich zehn Meilen gemacht hätte, das hat mich schnell angepackt.

Ich Wollt Ihr etwas Erfrischungen?

Er Recht gern. Ich bin heiser, die Kraft entgeht mir, und ich fühle einige Brustschmerzen. Das begegnet mir fast alle Tage so, ohne daß ich weiß warum ...

Ich Was beliebt Euch?

Er Was Euch gefällt. Ich bin nicht lecker. Der Mangel hat mich gelehrt, mir alles gefallen zu lassen ...

Man brachte uns Bier und Limonade. Er füllte ein großes Glas, leerte es zwei- oder dreimal. Dann, wie ein erquickter Mensch, hustet er stark, ruckt sich zusammen und fährt fort:

Aber meint Ihr nicht auch, Herr Philosoph, ist es nicht ein recht sonderbarer Fall, daß ein Fremder, ein Italiener, ein Duni kommen muß, uns erst zu lehren, wie unsrer Musik ein Ausdruck zu geben sei, wie unser Gesang sich allen Bewegungen, allen Taktarten, allen Pausen, allen Deklamationen fügen könne und das, ohne die Prosodie zu verletzen. Und es war doch kein Meer auszutrinken. Wer von einem Bettler auf der Straße um Almosen angesprochen wurde, wer einen Mann, vom Zorn hingerissen, ein eifersüchtiges rasendes Weib gehört hatte, einen verzweifelten Liebhaber, einen Schmeichler, ja einen Schmeichler, der seinen Ton sanft macht, seine Silben zieht mit einer Honigstimme, genug, jede Leidenschaft, es sei welche es wolle, wenn sie nur durch ihre Kraft verdiente, ein Vorbild des Musikus zu sein; ein solcher hätte zwei Dinge gewahr werden sollen, einmal, daß die langen und kurzen Silben keine bestimmte Dauer haben, nicht einmal einen bestimmten Bezug unter ihrer wechselseitigen Dauer, daß die Leidenschaft mit der Prosodie verfährt fast wie es ihr gefällt, daß sie die größten Intervalle trifft, daß der, welcher im höchsten Schmerze ausruft: Wehe mir Unglücklichen!, die ausrufende Silbe auf den höchsten und schärfsten Ton trägt und alsdann in tieferen und schwächeren Tönen herabsteigt in die Oktave oder ein größeres Intervall und einem jeden Ton die Quantität gibt, die der Wendung der Melodie zuspricht, ohne daß das Ohr beleidigt werde, ohne daß die lange oder kurze Silbe die Länge oder Kürze des ruhigen Gesprächs behalten habe. Welchen Weg haben wir nicht gemacht, seitdem wir die Parenthese

Armidens: *Le vainqueur de Renaud (si quelqu'un le peut être)*, das *Obéissons sans balancer* aus dem "Galanten Indien" als Wunder musikalischer Deklamation anführten? Jetzt zuck ich bei diesen Wundern die Achseln. Bei dem Schwunge, wie die Kunst vorwärtsgeht, weiß ich nicht, wohin sie gelangen kann; indessen trinken wir eins!

Er trank zwei-, dreimal, ohne zu wissen, was er tat, und war auf dem Wege sich zu ersäufen, wie er sich erschöpft hatte, ohne es zu bemerken, hätte ich nicht die Flasche weggesetzt, die er zerstreut am vorigen Orte suchte. Da sagte ich zu ihm: Wie kommt's, daß, mit einem so feinen Gefühl, einer so großen Reizbarkeit für die Schönheiten musikalischer Kunst, Ihr so blind gegen sittliche Schönheit sein könnt, so gefühllos für den Reiz der Tugend?

Er Wahrscheinlich weil es für diese einen Sinn gibt, den ich nicht habe, eine Fiber, die mir nicht gegeben ist, eine erschlaffte Fiber, die man immer kneipen mag und die nicht schwirrt. Oder habe ich vielleicht immer mit guten Musikern und schlechten Menschen gelebt und mein Ohr ist dadurch fein, mein Herz aber taub geworden, und sollte nicht auch etwas in der Familie liegen? Das Blut meines Vaters und meines Onkels ist dasselbe Blut, und das meine dasselbe Blut wie meines Vaters. Die väterliche Erbfaser war hart und stumpf, und diese verfluchte erste Grundfaser hat sich alles übrige angeglichen.

Ich Liebt Ihr Euer Kind?

Er Ob ich's liebe? Den kleinen Wilden bis zur Narrheit.

Ich Und bemüht Ihr Euch nicht ernstlich, bei ihm die Wirkung der verfluchten väterlichen Faser zu hemmen?

Er Das würde, deucht mir, eine sehr unnütze Arbeit sein. Ist er bestimmt, ein rechtlicher Mann zu werden, so würde ich nicht schaden; aber wollte die Urfaser, daß er ein Taugenichts würde wie der Vater, so wäre die sämtliche Mühe ihn zu einem ehrlichen Manne zu machen, ihm sehr schädlich. Indem die Erziehung immer den Hang der Erbfaser durchkreuzt, so würde er, wie durch zwei entgegengesetzte Kräfte gezogen, den Weg des Lebens nur schwankend gehen, wie man deren so viele sieht, die sich gleich linkisch im Guten wie im Bösen benehmen. Das heißen wir Especen, von allen Spitznamen ist dies der fürchterlichste, denn er bezeichnet die Mittelmäßigkeit und drückt die höchste Stufe der Verachtung aus. Ein großer Taugenichts ist ein großer Taugenichts, aber er ist keine Espece. Käme ich nun meinem Sohn durch Erziehung die Quere, so verlör er seine schönsten Jahre, ehe die väterliche Faser sich wieder in ihre Rechte gesetzt und ihn zu der vollkommenen Verworfenheit gebracht hätte, zu der ich gekommen bin. Aber ich tue jetzt nichts, ich lasse ihn gehen, ich betrachte ihn, er ist schon gefräßig, zudringlich, schelmisch, faul, verlogen, ich fürchte er wird nicht aus der Art schlagen.

Ich Und Ihr werdet einen Musikus aus ihm machen, damit ja nichts an der Ähnlichkeit fehle?

Er Einen Musikus, einen Musikus! Manchmal betracht ich ihn und knirsche mit den Zähnen und sage: Solltest du jemals eine Note kennen, ich glaube, ich drehte dir den Hals um.

Ich Und warum das, wenn's beliebt?

Er Das führt zu nichts.

Ich Das führt zu allem.

Er Ja, wenn man vortrefflich ist; aber wer kann sich von seinem Kinde versprechen, daß es vortrefflich sein wird? Zehntausend gegen eins, er wird nur ein elender Saitenkratzer werden wie ich. Wißt Ihr, daß vielleicht eher ein Kind zu finden wäre ein Königreich zu regieren, einen großen König daraus zu machen, als einen großen Violinspieler?

Ich Mir scheint, daß angenehme Talente, selbst mittelmäßig ausgeübt, bei einem sittenlosen, in Liederlichkeit und Aufwand verlornen Volke einen Menschen sehr geschwind auf dem Wege des Glückes fördern. Ich selbst habe einer Unterredung beigewohnt zwischen einer Espece von Beschützer und einer Espece von Beschütztem. Dieser war an jenen als einen gefälligen Mann empfohlen, der wohl dienen könne. – Mein Herr, was versteht Ihr? – Ich verstehe Mathematik so ziemlich – So unterrichtet in der Mathematik! und wenn Ihr Euch zehn bis zwölf Jahre auf dem Pflaster von Paris werdet beschmutzt haben, so habt Ihr drei- bis vierhundert Livres Renten erworben – Ich habe das Recht studiert und bin ziemlich darin bewandert – Kämen Pufendorf und Grotius auf die Welt zurück, sie stürben vor Hunger an einem Prallstein – Ich weiß recht gut die Geschichte und Geographie – Gäbe es Eltern, denen die Erziehung ihrer Kinder am Herzen läge, so wäre Euer Glück gemacht, aber es gibt keine – Ich bin ein guter Musikus – Und warum sagtet Ihr das nicht gleich? Und um Euch zu zeigen, was man aus diesem Talente für Vorteil ziehen kann: ich habe eine Tochter, kommt alle Abende von halb sieben bis neun, gebt ihr Unterricht und ich gebe Euch fünfundzwanzig Louisdor des Jahrs. Ihr frühstückt, speist, nehmt das Vesper- und Abendbrot mit uns. Der Überrest Eures Tags gehört Euch und Ihr verwendet ihn zu Eurem Vorteil.

Er Und der Mann, was ist aus ihm geworden?

Ich Wäre er klug gewesen, so hätte er sein Glück gemacht, das einzige, was Ihr im Auge zu haben scheint.

Er Freilich! Nur Gold, nur Gold! Gold ist alles, und das übrige ohne Gold ist nichts. Auch hüte ich mich, meinem Knaben den Kopf mit schönen Grundsätzen vollzupfropfen, die er vergessen müßte, wenn er nicht ein Bettler bleiben wollte: dagegen, sobald ich einen Louisdor besitze, das mir nicht oft begegnet, stelle ich mich vor ihn hin, ziehe das Goldstück aus meiner Tasche, zeige es ihm mit Verwunderung, hebe die Augen gen Himmel und küsse das Geld; und ihm noch besser begreiflich zu machen, wie wichtig das heilige Stück sei, so lalle ich ihm, so zeige ich mit dem Finger alles, was man sich anschaffen kann, ein hübsches Röckchen, ein hübsches Mützchen, einen guten Biskuit. Dann steck ich den Louisdor in die Tasche, ich spaziere mit Übermut, ich hebe den Schoß meiner Weste auf, ich schlage mit der Hand auf die Tasche, und so mache ich ihm begreiflich, daß diese Sicherheit, die er an mir bemerkt, von dem Louisdor sich herschreibt.

Ich Man kann's nicht besser. Aber wenn es begegnete, daß er, tief durchdrungen von dem Wert der Goldstücke, gelegentlich eines Tags ...

Er Ich verstehe Euch. Darüber muß man die Augen zudrücken. Es gibt ja auch keinen moralischen Grundsatz, der nicht seine Unbequemlichkeit hätte, und wenn das Schlimmste zum Schlimmen kommt, so ist es eine böse Viertelstunde und dann ist alles vorbei.

Ich Auch nach so mutigen und weisen Ansichten bestehe ich noch auf meinem Glauben, daß es gut wäre ihn zum Musiker zu machen. Ich weiß kein Mittel, sich geschwinder den Großen zu nähern, ihren Lastern zu dienen und aus den seinigen Vorteil zu ziehen.

Er Es ist wahr. Aber ich habe Projekte, die noch schneller und sicherer guten Erfolg versprechen. Ach wenn's nur ebensowohl ein Mädchen wäre! Aber da man nicht tun kann, was man will, so muß man nehmen was kommt, den besten Vorteil daraus ziehen und nicht deshalb auf dumme Weise, wie die meisten Väter, die nichts Schlimmers tun könnten, wenn sie aufs Unglück ihrer Kinder studiert hätten, einem Kinde, das in Paris zu leben bestimmt ist, die lazedämonische Erziehung geben. Ist unsre Erziehung schlimm, so sind die Sitten meiner Nation schuld dran, nicht ich. Verantwort es, wer kann. Mein Sohn soll glücklich sein oder, was auf eins hinauskommt, geehrt, reich und mächtig. Ich kenne ein wenig die leichtesten Wege, zu diesem Zweck zu gelangen, und ich will ihn früh genug damit bekannt machen. Tadelt ihr mich, ihr andern Weisen, so wird die Menge und der Erfolg mich lossprechen. Er wird Gold besitzen, ich sag's Euch, und wenn er genug besitzt, so wird ihm nichts ermangeln, selbst Eure Achtung nicht und Eure Ehrfurcht.

Ich Ihr könntet Euch irren.

Er Oder er bekümmert sich nichts drum, wie andre mehr ...

Hierin war nun freilich gar viel von dem was man denkt, wornach man sich beträgt; aber was man nicht ausspricht, und das ist denn der auffallendste Unterschied zwischen meinem Manne und den meisten Menschen, die uns umgeben. Er bekannte die Laster, die ihm anhingen, die auch andern anhängen; aber er war kein Heuchler; er war nicht abscheulicher als jene, er war nur offener und folgerechter, manchmal profunder in seiner Verderbnis. Ich zitterte, wozu sein Knabe unter einem solchen Lehrer werden könnte: denn gewiß bei einer Erziehung, die so genau nach unsern Sitten gebildet war, mußte er weit gehn, wenn ihm nicht frühzeitig Einhalt geschah.

Er O fürchtet nichts. Der bedeutende, der schwere Punkt, bei dem ein guter Vater besonders verweilen soll, ist nicht etwa, daß er seinem Knaben die sämtlichen Laster überliefre, die ihn reich machen, die Lächerlichkeiten, wodurch er den Großen unschätzbar wird; das weiß die ganze Welt, wenn nicht systematisch wie ich, doch nach Beispiel und einzelnem Unterricht. Nein, der Hauptpunkt ist, ihm das rechte Maß zu bezeichnen, die Kunst sich der Schande, der Entehrung, den Gesetzen zu entziehen; das sind Dissonanzen in der gesellschaftlichen Harmonie, diese muß man wissen anzubringen, vorzubereiten, zu retten. Nichts ist so platt als eine Reihe vollkommener Akkorde. Es muß etwas geben, das anrege, das den Strahlenbündel trenne und ihn in Farben zerstreue.

Ich Sehr gut! Durch diesen Vergleich führt Ihr mich von den Sitten abermals zur Musik, von der ich mich wider meinen Willen entfernt hatte. Ich danke Euch; denn um nichts zu verbergen, ich liebe Euch mehr als Musiker denn als Moralist.

Er Und doch stehe ich in der Musik sehr untergeordnet und sehr hoch in der Moral.

Ich Daran zweifle ich, aber wenn es wäre, so bin ich ein einfacher Mann und Eure Grundsätze sind nicht die meinigen.

Er Desto schlimmer für Euch. Ach, besäß ich nur Eure Talente!

Ich Laßt meine Talente und gedenken wir der Euren.

Er Ja, wenn ich mich nur ausdrucken könnte wie Ihr. Aber ich spreche einen verteufelten Mischmasch, halb wie Weltleute und Gelehrte und halb wie die Marktweiber.

Ich Ich rede übel. Ich weiß nur die Wahrheit zu sagen und das greift nicht immer, wie Ihr wißt.

Er Es ist auch nicht um die Wahrheit zu sagen, aber um die Lüge gut zu sagen, daß ich mir Euer Talent wünsche. Wüßt ich nur zu schreiben, ein Buch zu schnüren, eine Dedikation zu wenden, einen Narren recht von seinem Verdienste trunken zu machen, mich bei den Weibern einzuschmeicheln.

Ich Das alles wißt Ihr tausendmal besser als ich. Ich wäre nicht einmal wert Euer Schüler zu sein.

Er Wieviel große Eigenschaften, deren Preis Ihr nicht erkennt!

Ich Den Preis, den ich drauf lege, erwerbe ich auch.

Er Wäre das wahr, so trügt Ihr nicht diesen groben Rock, diese Zeugweste, diese baumwollnen Strümpfe, diese schweren Schuhe und diese alte Perücke.

Ich Ihr habt recht. Man muß sehr ungeschickt sein, wenn man nicht reich ist und sich doch alles erlaubt, um es zu werden. Aber es gibt Leute wie ich, die den Reichtum nicht als das Kostbarste auf der Welt betrachten. Wunderliche Leute!

Er Sehr wunderliche Leute! Mit dieser Ansicht wird man nicht geboren, man gibt sie sich: denn sie ist nicht in der Natur.

Ich Des Menschen?

Er Des Menschen. Alles was lebt, und so auch der Mensch, sucht sein Wohlwollen auf Kosten dessen, der was hergeben kann, und ich bin sicher, daß wenn ich meinen kleinen Wilden gehn ließe, ohne daß ich ihm irgend etwas sagte, würde er reiche Kleider verlangen, reichliche Nahrung, Wertschätzung der Männer, Liebe der Frauen, alles Glück des Lebens auf sich vereinigt.

Ich Wäre der kleine Wilde sich selbst überlassen und bewahrte seine ganze Schwäche, vereinigte mit der geringen Vernunft des Kindes in der Wiege die Gewalt der Leidenschaften des Mannes von dreißig Jahren, so bräch er seinem Vater den Hals und entehrte seine Mutter.

Er Das zeigt die Notwendigkeit einer guten Erziehung und wer bestreitet sie? Was ist denn aber eine gute Erziehung, als die zu allen Arten Genuß führt ohne Gefahr und Ungelegenheit?

Ich Beinahe könnt ich Euch beipflichten; aber wir wollen uns vor einer Erklärung hüten.

Er Warum?

Ich Weil ich fürchte, die Übereinstimmung ist nur scheinbar, und wollten wir bestimmen, was denn für Gefahren und Ungelegenheiten zu vermeiden sind, so verstehn wir uns nicht mehr.

Er Und was tut's denn?

Ich Lassen wir das; was ich davon weiß, werde ich Euch nicht lehren, und leichter unterrichtet Ihr mich in dem, was Ihr von der Musik versteht und ich nicht weiß. Lieber Rameau, laßt uns von Musik reden und sagt mir, wie kommt's, daß Ihr mit der Leichtigkeit die schönsten Stellen der großen Meister zu fühlen, im Gedächtnis zu behalten, sie mit dem Enthusiasmus, den sie Euch einflößen, wiederzugeben und andere wieder zu entzücken, wie kommt's, daß Ihr nichts gemacht habt, das etwas wert sei?

Anstatt mir zu antworten, zuckte er mit dem Kopf, hob den Finger gen Himmel und rief: Und das Gestirn, das Gestirn! Als die Natur Leo, Vinci, Pergolese, Duni bildete, da lächelte sie; ein ernsthaftes und gebietrisches Gesicht machte sie, als sie den lieben Onkel Rameau hervorbrachte, den man während zehn Jahren den großen Rameau wird genannt haben und von dem man bald nicht mehr sprechen wird. (Als sie aber seinen Vetter zusammenraffte, da schnitt sie eine Fratze und wieder eine Fratze und noch eine Fratze ...) Als er das sagte, schnitt er verschiedene Gesichter. Es war Verachtung, Geringschätzung, Ironie. Er schien ein Stück Teig zwischen seinen Fingern zu kneten und lächelte über die lächerlichen Formen, die er ihm gab. Hierauf warf er die seltsame Pagode weg und sagte: So machte sie mich und warf mich neben andre Pagoden, einige mit dicken, wohlgesättigten Bäuchen, kurzen Hälsen, klotzenden vorliegenden Augen von apoplektischem Ansehn. Auch krumme Hälse gab's, und dann trockne Figuren, mit lebhaftem Auge und einer Habichtsnase. Alle wollten sich zu Tode lachen, indem sie mich sahen, und ich setzte meine Fäuste in die Seiten und wollte mich zu Tode lachen, als ich sie sahe. Denn die Toren und Narren haben Freude aneinander, sie suchen sich, sie ziehen sich an. Hätte ich da bei meiner Ankunft nicht das Sprüchwort schon fertig gefunden, das Geld der Narren ist das Erbteil der Gescheiten, mir wäre man's schuldig geworden. Ich fühlte, die Natur hatte mein Erbteil in den Beutel der Pagoden gelegt, und ich versuchte tausend Mittel, um es wieder zu erhaschen.

Ich Ich kenne diese Mittel. Ihr habt mir davon gesprochen. Ich habe sie sehr bewundert; aber bei soviel Fähigkeiten, warum versuchtet Ihr nicht ein schönes Werk?

Er Das ist gerade, wie ein Weltmann zum Abbé Le Blanc sagte. Der Abbé sagte: Die Marquise von Pompadour nimmt mich auf die Hand und trägt mich bis an die Schwelle der Akademie, da zieht sie ihre Hand weg, ich falle und breche beide Beine. – Der Weltmann antwortete: Ihr solltet Euch zusammennehmen, Abbé, und die Türe mit dem Kopf einstoßen. – Der Abbé versetzte: Das habe ich eben versucht, und wißt Ihr, was ich davontrug? eine Beule an der Stirne.

Nach diesem Geschichtchen ging mein Mann mit hängendem Kopf einher, nachdenklich und niedergeschlagen. Er seufzte, weinte, jammerte, erhub Hände und Augen, schlug den Kopf mit der Faust, daß ich dachte, er würde Stirn oder Finger beschädigen. Dann setzt' er hinzu: Mir scheint, es ist doch was da drinnen. Aber ich mag schlagen und schütteln, wie ich will, nichts kommt heraus. Dann begann er wieder den Kopf zu schütteln, die Stirn gewaltig zu schlagen und sagte: Entweder ist niemand drinnen, oder man will mir nicht antworten.

Nach einem Augenblick zeigte er ein mutiges Ansehn, erhob den Kopf, legte die rechte Hand aufs Herz, ging und sagte: Ich fühle, ja ich fühle ... Er stellte einen Menschen vor, der böse wird, der sich ärgert, zärtlich wird, befiehlt, bittet, und ohne Vorbereitung sprach er Reden des Zorns, des Mitleidens, des Hasses, der Liebe. Er entwarf die Charaktere der

Leidenschaft mit einer Feinheit, einer erstaunenden Wahrheit. Dann setzt' er hinzu: So ist's recht, glaub ich. Nun kommt's. Da sieht man, was ein Geburtshelfer tut, der die Schmerzen reizt und beschleunigt und eilig das Kind bringt. Bin ich allein und nehm ich die Feder, will ich schreiben, so zerbeiß ich mir die Nägel, nütze die Stirn ab. Gehorsamer Diener, guten Abend, der Gott ist abwesend. Ich glaubte Genie zu haben, am Ende der Zeile lese ich, daß ich dumm bin, dumm, dumm. Aber wie will man auch fühlen, sich erheben, denken, mit Stärke malen, wenn man mit Leuten umgeht, wie die sind, denen man aufwarten muß, um zu leben? Wie will man das mitten unter solchen Reden, die man führt und hört, und diesem Gevattergeklatsch:

Heute war der Boulevard allerliebst. Habt Ihr den kleinen Murmeltierjungen gehört, er spielt scharmant. Herr Soundso hat das schönste graugeapfelte Gespann, das man sich nur denken mag. Die schöne Madam N. N. ist auch auf dem Rückweg. Trägt man denn mit fünfundvierzig Jahren noch einen solchen Aufsatz? Die junge so und so ist mit Diamanten bedeckt, die ihr wenig kosten. – Ihr wollt sagen, die ihr viel kosten. – Nicht doch! – Wo habt Ihr sie gesehen? – Beim verlornen und wiedergefundenen Arlequin. Die Szene der Verzweiflung ist gespielt worden wie noch niemals. Der Polichinelle der Foire hat Kehle, aber keine Feinheit, keine Seele. Madam die und die hat auf einmal zwei Kinder gekriegt. So kann doch jeder Vater zu dem seinigen greifen ... Und das nun alle Tage zu sagen, wieder zu sagen und zu hören, sollte das erwärmen und zu großen Dingen führen?

Ich Nein! Man schlösse sich lieber auf sein Dachstübchen, tränke Wasser, speiste trocknes Brot und suchte sich selbst.

Er Vielleicht. Aber dazu habe ich den Mut nicht. Und sein ganzes Dasein an etwas Ungewisses wagen? und der Name den ich führe, Rameau! Rameau zu heißen, das ist unbequem. Es ist nicht mit Talenten wie mit dem Adel der sich fortpflanzt und dessen Herrlichkeit wächst, indem er vom Großvater zum Vater, vom Vater zum Sohn, vom Sohn zum Enkel übergeht, ohne daß der Ahnherr eine Forderung von Verdienst an seinen

Abkömmling mache. Der alte Stamm ästet sich zu einem ungeheuren Narrenbaume, aber was schadet das? Mit dem Talent ist's ganz anders. Um nur den Ruf seines Vaters zu erhalten, muß man geschickter sein als er, man muß von seiner Faser geerbt haben. Die Faser ist mir ausgeblieben; aber das Handgelenk ist geübt, der Bogen rührt sich und der Topf siedet, ist's nicht Ruhm, so ist's Bouillon.

Ich An Eurer Stelle ließe ich mir's nicht nur gesagt sein, ich versuchte.

Er Und glaubt Ihr, daß ich nicht versucht habe? Ich war noch nicht vierzehn Jahr alt, als ich mir zum erstenmal sagte: Was hast du, Rameau? Du sinnst? Auf was sinnst du? Du möchtest gern etwas gemacht haben oder machen, woran sich die Welt entzückte ... Nun denn! so blase und rühre die Finger, schneide das Rohr zu, so gibt es eine Flöte. Ich ward älter und wiederholte die Reden meiner Kindheit, und noch immer wiederhole ich sie. Aber die Statue Memnons bleibt mein Nachbar.

Ich Was wollt Ihr mit Eurer Statue Memnons?

Er Das ist klar, dünkt mich. In der Nachbarschaft von Memnons Bildsäule standen viele andre, gleichfalls von der Sonne beschienen, aber nur die eine gab einen Klang. Voltaire ist ein Poet und wer noch? Voltaire, und der dritte? Voltaire, und der vierte? Voltaire. Musiker sind Rinaldo von Capua, Hasse, Pergolese, Alberti, Tartini, Locatelli, Terradeglias, mein Onkel, der kleine Duni, der weder Gesichtsausdruck noch Figur hat; aber der fühlt, bei Gott! der Gesang hat und Ausdruck. Das ist nun wohl eine kleine Zahl Memnons. Das übrige will nicht mehr heißen, als ein Paar Ohren an einen Stock genagelt. Auch sind wir übrigen bettelhaft, so bettelhaft, daß es eine Lust ist. Ach! Herr Philosoph, das Elend ist eine schreckliche Sache. Ich sehe es kauernd, mit lechzendem Munde, um einige Tropfen Wasser aufzufangen, die sich aus dem Gefäß der Danaiden verlieren. Ich weiß nicht, ob es den Geist der Philosophen schärft, aber es verkältet teuflisch den Kopf des Poeten. Man singt nicht gut unter dem Fasse, und doch ist der glücklich zu preisen, der einen Platz findet. Ich war so glücklich und habe mich nicht halten können. Ach, ich war schon einmal so ungeschickt, ich reiste durch Böhmen, Deutschland, die Schweiz, Holland, zum Teufel, in alle Welt.

Ich Unter dem löchrigen Faß?

Er Unter dem löchrigen Faß. Es war ein reicher verschwendrischer Jude, der die Musik und meine Torheiten liebte. Ich musizierte, wie es Gott gefiel, und spielte den Narren dabei. Mir ging nichts ab. Mein Jude war ein Mann, der das Gesetz kannte, der es streng und schroff beobachtete, manchmal in Gegenwart des Freunds, immer in Gegenwart des Fremden. Er zog sich einen bösen Handel zu, den ich Euch erzählen muß.

"Ich bin ein Schuft, aber Ihr seid ein Spitzbube."

In Utrecht fand sich eine allerliebste Dirne, die Christin gefiel ihm. Er schickte ihr einen Kuppler mit einem starken Wechsel. Die wunderliche Kreatur verwarf das Anerbieten, der Jude war in Verzweiflung. Der Mittelsmann sagte: Warum betrübt Ihr Euch so? Wollt Ihr eine hübsche Frau? Nichts ist leichter, und zwar eine noch hübschere als die, nach der Ihr trachtet. Es ist meine Frau, ich trete sie Euch ab für denselbigen Preis. – Gesagt, getan. Der Mittelsmann behält den Wechsel und führt meinen Juden zur Frau. Der Wechsel wird fällig, der Jude läßt ihn protestieren und weigert die Zahlung. Denn der Jude sagte zu sich selbst: Niemals wird dieser Mann sich zu sagen unterstehen, um welchen Preis er meinen Wechsel besitzt, und ich werde ihn nicht bezahlen. Vor Gericht fragte er den Kuppler: Diesen Wechsel, von wem habt Ihr ihn? – Von Euch. – Habt Ihr mir Geld geborgt? – Nein! – Habt Ihr mir Waren geliefert? – Nein! – Habt Ihr mir Dienste geleistet? – Nein! aber davon ist die Rede nicht. Ihr habt den Wechsel unterzeichnet und werdet bezahlen – Ich habe ihn nicht unterzeichnet – So wäre ich also ein Verfälscher? – Ihr oder ein andrer dessen Werkzeug Ihr seid – Ich bin ein Schuft, aber Ihr seid ein Spitzbube. Glaubt mir und treibt mich nicht aufs Äußerste. Ich gestehe sonst alles. Ich entehre mich, aber Euch richte ich zugrunde ... Der Jude verachtete die Drohung, und der Kuppler entdeckte die ganze Geschichte bei der nächsten Sitzung. Sie wurden beide beschimpft und der Jude zu Zahlung des Wechsels verdammt, dessen Summe man zum Besten der Armen verwendete. Da trennte ich mich von ihm und kam hieher.

Was sollte ich tun? denn ich mußte vor Elend umkommen oder etwas vornehmen. Allerlei Vorschläge gingen mir durch den Kopf. Bald wollt ich mich in eine Landtruppe werfen und taugte weder fürs Theater noch fürs Orchester. Bald wollt ich mir ein Bild malen lassen, wie man's an der Stange herumträgt und auf einer Kreuzstraße hinpflanzt. Dabei hätt ich mit lauter Stimme meine Geschichte erzählt: Hier ist die Stadt, wo er geboren ist. Hier nimmt er Abschied von seinem Vater dem Apotheker, hier kommt er in die Hauptstadt und sucht die Wohnung seines Onkels. Hier liegt er seinem Onkel zu Füßen, der ihn fortjagt. Hier zieht er mit einem Juden herum usw. Den andern Tag stand ich auf, wohl entschlossen mich mit den Gassensängern zu verbinden, und das würd ich nicht am schlimmsten gemacht haben. Unsre Übungen hätten wir unter den Fenstern meines lieben Onkels angestellt, der vor Bosheit zerplatzt wäre. Ich ergriff ein anderes Mittel.

(Da hielt er inne und ging nach und nach von der Stellung eines Mannes, der eine Violine hält, auf der er die Töne greift, bis zur Gestalt eines armen Teufels über, dem die Kräfte mangeln, dem die Knie schlottern und der verscheiden würde, wenn man ihm nicht ein Stückchen Brot zuwürfe. Er bezeichnete sein äußerstes Bedürfnis durch die Bewegung des Fingers gegen seinen halb offnen Mund.)

Das versteht man. Man wirft mir eine Kleinigkeit zu, um die wir uns streiten, drei oder vier Hungrige, wie wir sind. Und nun denkt einmal groß, macht schöne Sachen in einem solchen Zustande!

Ich Das ist schwer.

Er Von Stufe zu Stufe fiel ich endlich in ein gutes Haus und befand mich köstlich. Nun bin ich verstoßen und muß von neuem die Darmsaiten sägen und auf die Gebärde des Fingers gegen den lechzenden Mund zurückkehren. Nichts ist beständig auf der Welt. Am Glücksrade heute oben, morgen unten. Verfluchte Zufälle führen uns und führen uns sehr schlecht.

Dann trank er einen Schluck, der noch in der Flasche übriggeblieben war. Dann wendete er sich zu seinem Nachbar: Mein Herr, ich bitte Euch um eine kleine Prise. Ihr habt da eine schöne Dose. Ihr seid kein Musikus? – Nein! – Desto besser für Euch. Das sind arme, beklagenswerte Schuften. Das Schicksal hat mich dazu gemacht, mich, indessen zu Montmartre vielleicht in einer Mühle ein Müller, ein Mühlknecht sich befindet, der nichts anders als das Klappern der Mühle hören wird und der vielleicht die schönsten Gesänge gefunden hätte. Rameau zur Mühle, zur Mühle, dort gehörst du hin!

Ich Die Natur bestimmte jeden dazu, wozu er sich Mühe geben mag.

Er Doch vergreift sie sich oft. Was mich betrifft, ich betrachte die irdischen Dinge nicht von solcher Höhe, wo alles einerlei aussieht. Der Mann, der einen Baum mit der Schere reinigt, und die Raupe, die daran das Blatt nagt, können für zwei gleiche Insekten gelten. Jeder hat seine Pflicht. Stellt Euch auf eine Planetenbahn und teilet von dorther, wenn es Euch gefällt, nach Art des Réaumur, das Geschlecht der Fliegen in Nähende, Ackernde, Sichelnde oder die Menschengattung in Tischler, Zimmerleute, Dachdecker, Tänzer, Sänger, das ist Eure Sache, ich mische mich nicht drein. Ich bin in dieser Welt und bleibe drin, aber wenn es natürlich ist, Appetit zu haben – denn ich komme immer zum Appetit zurück, zu der Empfindung, die mir immer gegenwärtig ist –, so finde ich daß es keine gute Ordnung sei, nicht immer etwas zu essen zu haben. Welche Teufelseinrichtung! Menschen, die alles übervoll haben, indessen andre, eben auch wie sie mit ungestümen Mägen, wie sie mit einem wiederkehrenden Hunger nichts für ihren Zahn finden. Und dann ist die gezwungene Stellung in der uns das Bedürfnis hält das allerschlimmste. Der bedürftige Mensch geht nicht wie ein andrer, er springt, er kriecht, er krümmt sich, er schleppt sich und bringt sein Leben zu, indem er Positionen erdenkt und ausführt.

Ich Was sind denn Positionen?

Er Fragt Noverre! und doch bringt die Welt viel mehr Positionen hervor, als seine Kunst nachahmen kann.

Ich So versteigt Ihr Euch doch auch in höhere Regionen und betrachtet von da herab die verschiednen Pantomimen der Menschengattung?

Er Nein, nein! Ich sehe nur um mich her und setze mich in meine Position, oder ich erlustige mich an den Positionen, die ich andre nehmen sehe. Ich verstehe mich trefflich auf Pantomimen; Ihr sollt urteilen.

Nun lächelt er, spielt den Bewundernden, den Bittenden, den Gefälligen, er setzt den rechten Fuß vor, den linken zurück, den Rücken gebogen, den Kopf in die Höhe, den Blick wie auf andrer Blicke gerichtet, den Mund halb offen, die Arme nach einem Gegenstande ausgestreckt. Er erwartet einen Befehl, er empfängt ihn, fort ist er wie ein Pfeil, er ist wieder da, es ist getan, er gibt Rechenschaft; er ist aufmerksam auf alles; was fällt, hebt er auf; ein Kissen legt er zurecht; einen Schemel schiebt er unter; er hält einen Präsentierteller, er nähert einen Stuhl, er öffnet eine Türe, zieht die Vorhänge zu, bemerkt den Herrn und die Frau, ist unbeweglich mit hängenden Armen, steifen Beinen, er hört, er horcht, er sucht auf den Gesichtern zu lesen und dann sagt er: Das ist nun meine Pantomime ungefähr, wie aller Schmeichler, Schmarutzer und Dürftigen.

Die Torheiten dieses Menschen, die Märchen des Abts Galiani, die Ausschweifungen Rabelais' haben mich manchmal zu tiefem Nachdenken veranlaßt. Das sind drei Kramläden, wo ich mich mit lächerlichen Masken versehe, die ich den ernsthaftesten Personen aufs Gesicht setze. Ich sehe einen Pantalon in einem Prälaten, einen Satyr in einem Präsidenten, ein Schwein in einem Mönche, einen Strauß in einem Minister, eine Gans in seinem Ersten Sekretär.

Aber nach Eurer Rechnung, sagte ich zu meinem Manne, gibt es auf dieser Welt viel Dürftige, und ich kenne niemand, der sich nicht zu einigen Schritten Eures Tanzes bequeme.

Er Ihr habt recht. In einem ganzen Königreiche gibt es nur einen Menschen, der grad vor sich hingeht, den Souverän, das übrige alles nimmt Positionen.

Ich Der Souverän? und dabei ließe sich doch auch noch etwas erinnern. Glaubt Ihr denn nicht, daß sich von Zeit zu Zeit neben ihm ein kleiner Fuß, ein kleiner Chignon, eine kleine Nase befinde, die ihn gleichfalls zu einiger Pantomime veranlassen? Wer einen andern braucht, ist bedürftig und nimmt eine Position an. Vor seiner Geliebten nimmt der König eine Position an, und vor Gott macht er seinen Pantomimenschritt. Der Minister macht den Schritt des Hofmanns, des Schmeichlers, des Bedienten, des Bettlers vor seinem König. Die Menge der Ehrgeizigen tanzt Eure Positionen auf hundert Manieren, eine verworfener als die andern, vor dem Minister. Der vornehme Abbé mit Überschlag und langem (Mantel) macht wenigstens einmal die Woche vor dem, der die Benefizien auszuteilen hat, seine Männchen. Wahrlich, was Ihr die Pantomime der Bettler nennt, ist der große Hebel der Erde. Jeder hat seine kleine Hus und seinen Bertin.

Er Das tröstet mich.

Aber indessen ich sprach, stellte er die genannten Leute vor; es war zum Totlachen, z.B. als kleiner Abbé hielt er den Hut unterm Arm, das Brevier in der linken Hand, mit der rechten trug er den Schweif seines Mantels, den Kopf ein wenig auf die Schulter geneigt ging er einher, mit niedergeschlagenen Augen, und ahmte so völlig den Heuchler nach, daß ich glaubte, den Autor der "Réfutations" vor dem Bischof von Orléans zu sehen. Hinter den Schmeichlern, den Ehrsüchtigen war er gewaltig drein. Es war der leibhafte Bouret bei der General-Contrôle.

Ich Das heißt vortrefflich ausführen, aber doch gibt es ein Wesen, das von der Pantomime freigesprochen ist, der Philosoph, der nichts hat und nichts verlangt.

Er Und wo ist denn das Tier? Hat er nichts, so leidet er, bemüht er sich um nichts, so erhält er nichts und wird immer leiden.

Ich Nein. Diogenes, der über die Bedürfnisse spottete.

Er Aber man will gekleidet sein!

Ich Nein. Er ging nackt.

Er Manchmal war es kalt in Athen.

Ich Weniger als hier.

Er Man speiste.

Ich Ganz gewiß.

Er Auf wessen Kosten?

Ich Der Natur. Zu wem wendet sich der Wilde? zur Erde, zu den Tieren, den Fischen, den Bäumen, den Kräutern, den Wurzeln, den Bächen.

Er Schlechte Tafel.

Ich Sie ist groß.

Er Aber übel bedient.

Ich Und doch deckt man sie ab, um die unsrigen zu besetzen.

Er Aber bekennt nur, daß die Industrie unsrer Köche, Pastetenbäcker und Zuckerbäcker ein weniges von dem ihrigen hinzutut. Mit einer so strengen Diät mußte Euer Diogenes wohl keine störrischen Organe besitzen?

Ich Ihr irrt Euch. Des Zynikers Kleid war ehmals, was jetzt unsre Mönchskleidung, und mit derselben Kraft. Die Zyniker waren die Karmeliten und Kapuziner von Athen.

Er Da hab ich Euch! Diogenes hat also auch seine Pantomime getanzt, wenn auch nicht vor Perikles, wenigstens vor Lais oder Phryne.

Ich Da betrügt Ihr Euch wieder. Andre bezahlten sehr teuer die Schönheit, die sich ihm aus Vergnügen überließ.

Er Begab sich's aber, daß die Schönheit sonst beschäftigt war und der Zyniker nicht warten konnte –

Ich So ging er in sein Faß und suchte sie entbehrlich zu finden.

Er Und Ihr rietet mir, ihn nachzuahmen?

Ich Ich will sterben, wenn es nicht besser wäre, als zu kriechen, sich wegzuwerfen, sich zu beschimpfen.

Er Aber ich brauche ein gutes Bett, eine gute Tafel, ein warmes Kleid im Winter, ein kühles Kleid im Sommer und mehr andre Dinge, die ich lieber dem Wohlwollen schuldig sein als durch Arbeit erwerben mag.

Ich Weil Ihr ein Nichtswürdiger, ein Vielfraß, ein Niederträchtiger seid, eine Kotseele.

Er Das hab ich Euch, glaub ich, schon alles gestanden.

Ich Ohne Zweifel haben die Dinge des Lebens einen Wert; aber Ihr kennt nicht den Wert des Opfers, das Ihr bringt, um sie zu erlangen. So tanzt Ihr die schlechte Pantomime, Ihr habt sie getanzt und werdet sie tanzen.

Er Es ist wahr, aber es hat mich wenig gekostet und deswegen wird mich's künftig nichts kosten, und deshalb tät ich übel einen andern Gang anzunehmen, der mir beschwerlich wäre und in dem ich nicht verharren könnte. Aber aus dem, was Ihr mir da sagt, begreif ich erst, daß meine arme kleine Frau eine Art Philosoph war; sie hatte Mut wie ein Löwe. Manchmal fehlte es uns an Brot, wir hatten keinen Pfennig, und manchmal waren fast alle unsre Kleinigkeiten von Wert verkauft. Ich hatte mich aufs Bett geworfen, da zerbrach ich mir den Kopf, den Mann zu finden, der mir einen Taler liehe, den ich ihm nicht wiedergäbe. Sie, munter wie ein Zeisig, setzte sich ans Klavier, sang und begleitete sich. Das war eine Nachtigallenkehle. Hättet Ihr sie doch nur auch gehört! Wenn ich in einem Konzert spielte, nahm ich sie mit. Unterwegs sagte ich: Frisch, Madam! macht, daß man Euch bewundre. Entwickelt Euer Talent, Eure Reize, entführt, überwindet. – Wir kamen an, sie sang, sie entführte, sie überwand. Ach! ich habe die arme Kleine verloren. Außer ihrem Talent hatte sie ein Mäulchen, kaum ging der kleine Finger hinein, Zähne, eine Reihe Perlen, Augen, eine Haut, Wangen, Brust, Rehfüßchen und Schenkel und alles zum Modellieren. Früh' oder später hätte sie einen Generalpächter gewonnen. Das war ein Gang, Hüften, ach Gott was für Hüften!

"Entführt, überwindet."

Und nun machte er den Gang seiner Frau nach, kleine Schritte, den Kopf in der Luft, er spielte mit dem Fächer, er schwänzelte, es war die Karikatur unsrer kleinen Koketten, so neckisch und lächerlich als möglich. Dann fuhr er in seinem Gespräche fort:

Überall führte ich sie hin, in die Tuilerien, ins Palais Royal, auf die Boulevards. Es war unmöglich, daß sie mir bleiben konnte. Morgens, wenn sie über die Straße ging, mit freien Haaren und niedlichem Jäckchen, Ihr wäret stehngeblieben sie zu besehen, Ihr hättet sie mit vier Fingern umspannt, ohne sie zu zwängen. Kam jemand hinter ihr drein und sah sie mit ihren kleinen Füßchen hintrippeln und betrachtete die breiten Hüftchen, deren Form das leichte Röckchen zeichnete, gewiß er verdoppelte den Schritt. Sie ließ ihn ankommen und dann wendete sie schnell ihre großen schwarzen Augen auf ihn los und jeder blieb betroffen stehn. Denn die Vorderseite der Medaille war wohl die Rückseite wert. Aber ach! ich habe sie verloren und alle unsre Hoffnungen auf Glück sind mit ihr verschwunden. Ich hatte sie nur darum geheiratet. Ich hatte ihr meine Plane mitgeteilt und sie hatte zu viel Einsicht, um nicht ihre Sicherheit zu begreifen, und zu viel Verstand, um sie nicht zu billigen.

Nun schluchzt er, nun weint er, nun ruft er aus: Nein, nein! darüber tröst ich mich niemals, und darauf hab ich Umschlag und Käppchen genommen.

Ich Für Schmerz?

Er Eigentlich, um meinen Napf immer auf dem Kopfe zu haben. Aber seht doch ein wenig, wieviel Uhr es ist. Ich muß in die Oper.

Ich Was gibt man?

Er Von d'Auvergne. Es sind schöne Sachen in seiner Musik. Schade, daß er sie nicht zuerst gesagt hat. Unter den Toten gibt's immer einige, die den Lebendigen im Wege sind. Was hilft's! Quisque suos patimur manes. Aber es ist halb sechse. Ich höre die Glocke, die zu der Vesper des Abbé de

Canaye läutet. Die ruft mich auch ab. Lebt wohl. Ist's nicht wahr, Herr Philosoph, ich bin immer derselbe?

Ich Ja wohl, unglücklicherweise.

Er Laßt mich das Unglück noch vierzig Jahre genießen. Der lacht wohl, der zuletzt lacht.

Goethes Anmerkungen über Personen und Gegenstände, deren in dem Dialog "Rameaus Neffe" erwähnt wird

Vorerinnerung

Der Übersetzer hatte sich vorgenommen, die Personen und Gegenstände, welche in vorliegendem Dialog genannt und abgehandelt werden, ihre Verhältnisse und Beziehungen in diesen alphabetisch geordneten Anmerkungen zur Bequemlichkeit des Lesers mehr ins klare zu stellen. Manche Hindernisse setzten sich diesem Unternehmen entgegen, das nur zum Teil ausgeführt werden konnte. Da aber auch schon hierdurch der Zweck einigermaßen erreicht wird, so hat man in Hoffnung einer künftigen weitern Ausführung das Gegenwärtige nicht zurückhalten wollen.

Alberti

Ein außerordentliches musikalisches Talent, mit einer vortrefflichen Stimme begünstigt, die sogar Farinellis Eifersucht erregte, zugleich ein guter Klavierspieler, der aber seine großen Gaben nur als Dilettant zum Vergnügen seiner Zeitgenossen und zu eigenem Behagen anwendete, auch sehr frühzeitig starb.

d'Alembert

Geb. 1717. Gest. 1783

Ihm ist sein Ruhm als Mathematiker niemals streitig gemacht worden, als er sich aber um des Lebens und derGesellschaft willen vielseitig literarisch ausbildete, so nahmen die Mißgünstigen daher Anlaß, schwächere Seiten aufzusuchen und zu zeigen.

Solche feindselige Naturen, die nur wider Willen entschiedene Vorzüge anerkennen, möchten gern jeden trefflichen Mann in sein Verdienst ganz eigentlich einsperren und ihm eine vielseitige Bildung, die allein Genuß gewährt, verkümmern. Sie sagen gewöhnlich, zu seinem Ruhme habe er dieses oder jenes nicht unternehmen sollen! als wenn man alles um des Ruhms willen täte, als wenn die Lebensvereinigung mit ähnlich Gesinnten, durch ernste Teilnahme an dem was sie treiben und leisten, nicht den höchsten Wert hätte. Und nicht allein Franzosen, welche alles nach außen tun, sondern auch Deutsche, welche die Wirkung nach innen recht gut zu schätzen wissen, geben solche Gesinnungen zu erkennen, wodurch der Schriftsteller vom Schriftsteller, der Gelehrte vom Gelehrten gildemäßig abgetrennt würde.

Soviel bei Gelegenheit der Stelle: "d'Alembert verweisen wir in die Mathematik."

d'Auvergne

Der erste unter den Franzosen, der in seiner Oper "Les Troqueurs" sich dem italienischen Geschmack zu nähern suchte und zu jener Epoche dadurch viel beitrug. (Siehe Musik.)

Baculard sonst Arnaud

Geb. 1715

Verfasser kleiner galanter Gedichte, bei uns mehr bekannt durch seine Trauerspiele, den "Grafen von Cominges" und "Euphemien", worin der fürchterliche Apparat von Gewölben, Gräbern, Särgen und Mönchskutten den Mangel des großen furchtbaren Tragischen ersetzen soll.

Bagge (Baron von)

Ein deutscher oder brabantischer Edelmann, der sich lange Zeit in Paris aufhielt und wegen seiner Leidenschaft zur Musik merkwürdig war. Er wollte sie nicht allein durch andre genießen, sondern er suchte sie auch selbst, wiewohl ohne sonderlichen Erfolg, auszuüben. Ja, seine Bemühungen und seine Konzerte, allgemein gekannt und besucht, konnten sich eines in Paris so leicht erregten Lächerlichen nicht erwehren, in welchem Sinne denn auch Diderot hier auf dieselben anzuspielen scheint.

Batteux

Geb. 1713. Gest. 1780

Apostel des halbwahren Evangeliums der Nachahmung der Natur, das allen so willkommen ist, die bloß ihren Sinnen vertrauen und dessen was dahinter liegt sich nicht bewußt sind. Warum er hier als Heuchler gescholten wird, davon wissen wir keine Rechenschaft zu geben.

Le Blanc (Abbé)

Geb. zu Dijon 1707. Gest. 1781

Wenn durch die Gunst der Menge oder der Großen ein mittelmäßiges Talent zu Glück und Ehren gelangt, so entsteht eine wunderbare Bewegung unter seinesgleichen. Alles was sich ihm ähnlich fühlt, wird durch die Hoffnung belebt, daß nun gleichfalls die Reihe an andre ehrliche Leute, die doch eben auch nicht für ganz verdienstlos zu halten, endlich kommen müsse und solle.

Doch auch hier wie überall behauptet das Glück sein Majestätsrecht und nimmt sich der Mittelmäßigen sowenig als der Trefflichen an, als wenn es ihm nun gerade einmal beliebt.

Der Abbé Le Blanc, ein freilich sehr mittelmäßiger Mann, mußte so manchen seinesgleichen in der Akademie sehen, die ungeachtet einer freilich nur vorübergehenden Gunst des Hofes für ihn unerbittlich blieb.

Die im Dialog erzählte Anekdote drückt das Verhältnis sehr geistreich aus.

Bouret

Ein reicher Finanzmann, der zugleich Ober-Direktor der Posten war und ein ungeheueres Vermögen durch die Gunst des Hofes und der Großen, denen er also wohl ein Hündchen abtreten konnte, zusammenbrachte.

Aber weder sein Glück noch seine Erniedrigungen, die ihm Diderot sehr hart aufrechnet, konnten ihn vor dem Untergang schützen, da er in sich selbst kein Maß hatte und sein Geist im Ausgeben noch gewandter und unternehmender war als im Erwerben.

Er baute königlich einen Pavillon, nur um den König, der alle Jahre mit seinem Hofstaat auf der Jagd jene Gegend besuchte, bewirten zu können, und errichtete als Nebensache, bei einer durchaus kostspieligen Lebensweise, sehr ansehnliche Gebäude, wodurch er die Kräfte seiner eigenen Finanzen dergestalt schwächte, daß er, als Ludwig der XV. unvermutet starb und er seinen königlichen Gönner sowie durch die Regierungsveränderung manche andre Unterstützung verlor, gerade da er ihrer am nötigsten bedurft hätte, um sich im Gleichgewicht zu erhalten, in die größte Verwirrung, ja Verzweiflung geriet und seinem Leben selbst ein Ende machte.

Bret

Geb. 1717. Gest. 1792

Fruchtbarer gefälliger Autor, aber schwach und nachlässig. Herausgeber von Molière, zu welchem Geschäft seine Kräfte nicht hinreichten.

Sein Stück "Le Faux-Généreux" fällt in das Jahr 1758.

Carmontelle

Verfasser der "Dramatischen Sprüchwörter" und anderer angenehmer kleiner theatralischer Stücke.

Destouches

Geb. 1680. Gest. 1754

Literator und Geschäftsmann.

Mehrere seiner Stücke erwarben sich Beifall. Zuletzt verliert er die Gunst des Publikums und zieht sich vom Theater zurück. (Siehe Dorat.)

Dorat

Geb. 1736. Gest. 1780

Fruchtbarer angenehmer Dichter, besonders in kleinen Stücken, nicht so glücklich in größern ernsteren, besonders dramatischen.

Der große Reiz, den das Theater für jeden Zuschauer hat, zeigt sich auch darin, daß es so manchen produktiv zu machen scheint, der eigentlich dafür gar kein Talent hat. In jeder Nation strebt eine unverhältnismäßige Anzahl Menschen nach dem Glück, sich selbst von dem Theater herunter wiederzuhören, und es ist niemanden zu verargen, wenn man zu dieser innern Behaglichkeit noch die äußeren Vorteile eines schnellen, allgemeinen, günstigen Bekanntwerdens hinzurechnet.

Ist diese Begierde, fürs Theater zu arbeiten, bei dem stillen, mehr in sich gekehrten Deutschen fast zur Seuche geworden, so begreift man leicht, wie der Franzose, der sich es selbst gar nicht zum Vorwurf rechnet, unmäßig eitel zu scheinen, unwiderstehlich genötigt sein muß, sich auf ein Theater zu drängen, das bei einem hundertjährigen Glanze so große Namen zählt, die den lebhaftesten Wunsch erregen müssen, wenn gleich auch hinter ihnen, doch mit und neben ihnen an derselben Stelle genannt zu werden.

Dorat konnte diesen Lockungen nicht entgehen, um so mehr, da er anfangs sehr beliebt und vorgeschoben ward; allein sein Glück war nicht von Dauer, er ward herabgesetzt und befand sich in dem traurigen Zustand des Mißbehagens mit so vielen andern, mit deren Zahl man, wo nicht einen Platz in Dantes "Hölle", doch wenigstens in seinem "Fegfeuer" besetzen könnte. (Siehe Marivaux.)

Duni

Geb. im Neapolitanischen den 9. Februar 1709. Gest. den 11. Juni 1775

Die Franzosen scheinen, bei aller ihrer Lebhaftigkeit, mehr als andre Nationen an hergebrachten Formen zu hangen und selbst in ihren Vergnügungen eine gewisse Eintönigkeit nicht gewahr zu werden. So hatten sie sich an die Musik Lullys und Rameaus gewöhnt, die sie, wenn man es recht genau untersuchte, vielleicht noch nicht ganz losgeworden sind.

Zur Zeit nun, als diese Musik noch herrschend war, in der Hälfte des vorigen Jahrhunderts, mußte es eine große Bewegung geben, als eine andere, gerade entgegengesetzte Art das Publikum zu unterhalten sich darneben stellte. Indessen die große französische Oper mit einem ungeheuern Apparat ihre Gäste kaum zu befriedigen imstande war, hatten die Italiener die glückliche Entdeckung gemacht, daß wenige Personen, fast ohne irgendeine Art von Umgebung, durch melodischen Gesang, heitern und bequemen Vortrag, eine viel lebhaftere Wirkung hervorzubringen imstande seien. Diese eigentlichen Intermezzisten machten, unter dem Namen der Bouffons, in Paris ein großes Aufsehen und erregten Parteien für und wider sich. Duni, der sich in Italien an der "Buona figliola" schon geübt hatte, schrieb für Paris den "Peintre amoureux de son modèle" und später "Das Milchmädchen", das auch auf dem deutschen Theater die komische Oper beinahe zuerst einführte. Jene ersten Stücke des Duni waren in Paris völlig im Gange, zur Zeit, als Diderot den gegenwärtigen Dialog schrieb. Er hatte sich, nebst seinen Freunden, schon früher zur Partei der heitern Produktionen geschlagen und so weissagte er auch Rameaus Untergang durch den gefälligen Duni.

Fréron (Vater)

Geb. zu Quimper 1719. Gest. zu Paris 1776

Ein Mann von Kopf und Geist, von schönen Studien und mancherlei Kenntnissen, der aber, weil er manches einsah, alles zu übersehen glaubte und als Journalist sich zu einem allgemeinen Richter aufwarf. Er suchte sich besonders durch seine Opposition gegen Voltaire bedeutend zu machen, und seine Kühnheit, sich diesem außerordentlichen, hochberühmten Manne zu widersetzen, behagte einem Publikum, das einer heimlichen Schadenfreude sich nicht erwehren kann, wenn vorzügliche Männer, denen es gar manches Gute schuldig ist, herabgesetzt werden, da es sich, von der andern Seite, einer strenge behandelten Mittelmäßigkeit gar zu gern liebreich und mitleidsvoll annimmt.

Frérons Blätter hatten Glück und Gunst und verdienten sie zum Teil. Unglücklicherweise hielt er sich nun für den ganz wichtigen und bedeutenden Mann und fing an, aus eigner Macht und Gewalt geringe Talente zu erheben und als Nebenbuhler der größeren aufzustellen. Denn derjenige, der aus Mangel von Sinn oder Gewissen das Vortreffliche herunterzieht, ist nur allzu geneigt, das Gemeine, das ihm selbst am nächsten liegt, heraufzuheben und sich dadurch ein schönes mittleres Element zu bereiten, auf welchem er als Herrscher behaglich walten könne. Dergleichen Niveleurs finden sich besonders in Literaturen, die in Gärung sind, und bei gutmütigen, auf Mäßigkeit und Billigkeit durchaus mehr als auf das Vortreffliche in Künsten und Wissenschaften gerichteten Nationen haben sie starken Einfluß.

Die geistreiche französische Nation war dagegen dem Fréron bald auf der Spur, wozu Voltaire selbst nicht wenig beitrug, der seinen Widersacher mit gerechten und ungerechten, aber immer geistreichen Waffen unausgesetzt bekämpfte. Keine Schwäche des Journalisten blieb unbemerkt, keine Form der Rede- und Dichtkunst unbenutzt, so daß er ihn sogar als Frélon in der "Schottländerin" aufs Theater brachte und erhielt.

Wie Voltaire in so manchem, was er leistete, die Erwartung der Welt übertraf, so unterhielt er auch in diesem Falle das Publikum mit immer neuen und überraschenden Späßen, griff den Journalisten zugleich und alle dessen Günstlinge an, und warf ihr Lächerliches gehäuft auf den Gönner zurück. So ward jene Anmaßung aller Welt klar, Fréron verlor seinen Kredit, auch den verdienten, weil sich denn doch das Publikum, wie die Götter, zuletzt auf die Seite der Sieger zu schlagen behaglich findet. Und so ist das Bild Frérons dergestalt verschoben und verdunkelt worden, daß der spätre Nachkömmling Mühe hat, sich von dem was der Mann leistete und was ihm ermangelte, einen richtigen Begriff zu machen.

Geschmack

"Der Geschmack, sagt er ... der Geschmack ist ein Ding ... bei Gott, ich weiß nicht, zu was für einem Ding er den Geschmack machte, wußte er es doch selbst nicht."

In dieser Stelle will Diderot seine Landsleute lächerlich darstellen, die, mit und ohne Begriff, das Wort Geschmack immer im Munde führen und manche bedeutende Produktion, indem sie ihr den Mangel an Geschmack vorwerfen, heruntersetzen.

Die Franzosen gebrauchten zu Ende des 17. Jahrhunderts das Wort *Geschmack* noch nicht allein, sie bezeichneten vielmehr durch das Beiwort die besondre Bestimmung. Sie sagten: ein böser, ein guter Geschmack und verstanden recht gut, was sie dadurch bezeichneten. Doch findet man schon in einer Anekdoten- und Spruchsammlung jener Zeit das gewagte Wort: "Die französischen Schriftsteller besitzen alles, nur keinen Geschmack."

Wenn man die französische Literatur von Anfang an betrachtet, so findet sich, daß das Genie schon bald sehr viel für sie getan. Marot war ein trefflicher Mann, und wer darf den hohen Wert Montaignes und Rabelais' verkennen?

Das Genie sowohl als der recht gute Kopf sucht sein Gebiet ins Unendliche auszudehnen. Sie nehmen gar mannigfaltige Elemente in ihren Schöpfungskreis auf und sind oft glücklich genug, sie vollkommen zu beherrschen und zu verarbeiten. Gelingt aber ein solches Unternehmen nicht ganz, fühlt sich der Verstand nicht durchaus genötigt die Segel zu streichen, erlangen die Arbeiten nur eine solche Stufe, wo er ihnen noch etwas anhaben kann, so entsteht sogleich ein Loben und Tadeln des Einzelnen, und man glaubt vollkommene Werke dadurch vorzubereiten, wenn man die Elemente, woraus sie bestehn sollen, recht säuberlich sondert.

Die Franzosen haben einen Poeten Du Bartas, den sie gar nicht mehr oder nur mit Verachtung nennen. Er lebte von 1544 bis 1590, war Soldat und Weltmann und schrieb zahllose Alexandriner. Wir Deutschen, die wir die Zustände jener Nation aus einem andern Gesichtspunkte ansehen, fühlen uns zum Lächeln bewegt, wenn wir in seinen Werken, deren Titel ihn als den Fürsten der französischen Dichter preist, die sämtlichen Elemente der französischen Poesie, freilich in wunderlicher Mischung, beisammen finden. Er behandelte wichtige, bedeutende, breite Gegenstände, wie z.E. die sieben Schöpfungstage, wobei er Gelegenheit fand, eine naive

Anschauung der Welt und mannigfaltige Kenntnisse, die er sich in einem tätigen Leben erworben, auf eine darstellende, erzählende, beschreibende, didaktische Weise zu Markte zu bringen. Diese sehr ernsthaft gemeinten Gedichte gleichen daher sämtlich gutmütigen Parodien und sind, wegen ihres bunten Ansehens, dem Franzosen auf der jetzigen Höhe seiner eingebildeten Kultur äußerst verhaßt, anstatt daß, wie der Kurfürst von Mainz das Rad, ein französischer Autor die sieben Tagwerke des Du Bartas irgend symbolisiert im Wappen führen sollte.

Damit wir aber, bei einer aphoristischen Behandlung unsrer Aufsätze, nicht unbestimmt und dabei paradox erscheinen, so fragen wir, ob nicht die ersten vierzig Verse des siebenten Schöpfungstages von Du Bartas vortrefflich sind, ob sie nicht in jeder französischen Mustersammlung zu stehen verdienen, ob sie nicht die Vergleichung mit manchem schätzenswerten neuern Produkt aushalten? Deutsche Kenner werden uns beistimmen und uns für die Aufmerksamkeit danken, die wir auf dieses Werk erregen. Die Franzosen aber werden wohl fortfahren, wegen der darin vorkommenden Wunderlichkeiten auch das Gute und Treffliche daran zu verkennen.

Denn die immer anstrebende und zu Ludwig des XIV. Zeiten zur Reife gedeihende Verstandeskultur hat sich immerfort bemüht, alle Dicht- und Sprecharten genau zu sondern, und zwar so, daß man nicht etwa von der Form, sondern vom Stoff ausging, und gewisse Vorstellungen, Gedanken, Ausdrucksweisen, Worte aus der Tragödie, der Komödie, der Ode, mit welcher letztern Dichtart sie deshalb auch nie fertig werden konnten, hinauswies und andre dafür, als besonders geeignet, in jeden besondern Kreis aufnahm und für ihn bestimmte.

Man behandelte die verschiedenen Dichtungsarten wie verschiedene Sozietäten, in denen auch ein besonderes Betragen schicklich ist. Anders benehmen sich Männer, wenn sie allein unter sich, anders, wenn sie mit Frauen zusammen sind, und wieder anders wird sich dieselbe Gesellschaft betragen, wenn ein Vornehmerer unter sie tritt, dem sie Ehrfurcht zu bezeigen Ursache haben. Der Franzose scheut sich auch keinesweges, bei

Urteilen über Produkte des Geistes von Convenancen zu sprechen, ein Wort, das eigentlich nur für die Schicklichkeiten der Sozietät gelten kann. Man sollte darüber nicht mit ihm rechten, sondern einzusehen trachten, inwiefern er recht hat. Man kann sich freuen, daß eine so geistreiche und weltkluge Nation dieses Experiment zu machen genötigt war, es fortzusetzen genötigt ist.

Aber im höhern Sinne kommt doch alles darauf an, welchen Kreis das Genie sich bezeichnet, in welchem es wirken, was es für Elemente zusammenfaßt, aus denen es bilden will. Hierzu wird es teils durch innern Trieb und eigne Überzeugung bestimmt, teils auch durch die Nation, durch das Jahrhundert, für welche gearbeitet werden soll. Hier trifft das Genie freilich nur allein den rechten Punkt, sobald es Werke hervorbringt, die ihm Ehre machen, seine Mitwelt erfreuen und zugleich weiter fördern. Denn indem es seinen weiteren Lichtkreis in den Brennpunkt seiner Nation zusammendrängen möchte, so weiß es alle innern und äußern Vorteile zu benutzen und zugleich die genießende Menge zu befriedigen, ja zu überfüllen. Man gedenke Shakespeares und Calderóns! Vor dem höchsten ästhetischen Richterstuhle bestehn sie untadelig, und wenn irgendein verständiger Sonderer wegen gewisser Stellen hartnäckig gegen sie klagen sollte, so würden sie ein Bild jener Nation, jener Zeit, für welche sie gearbeitet, lächelnd vorweisen und nicht etwa dadurch bloß Nachsicht erwerben, sondern deshalb, weil sie sich so glücklich bequemen konnten, neue Lorbeeren verdienen.

Die Absonderung der Dicht- und Redarten liegt in der Natur der Dicht- und Redekunst selbst; aber nur der Künstler darf und kann die Scheidung unternehmen, die er auch unternimmt; denn er ist meist glücklich genug zu fühlen, was in diesen oder jenen Kreis gehört. Der Geschmack ist dem Genie angeboren, wenn er gleich nicht bei jedem zur vollkommnen Ausbildung gelangt.

Daher wäre freilich zu wünschen, daß die Nation Geschmack hätte, damit sich nicht jeder einzeln notdürftig auszubilden brauchte. Doch leider ist der Geschmack der nicht hervorbringenden Naturen verneinend, beengend, ausschließend und nimmt zuletzt der hervorbringenden Klasse Kraft und Leben.

Wohl findet sich bei den Griechen sowie bei manchen Römern eine sehr geschmackvolle Sonderung und Läuterung der verschiedenen Dichtarten, aber uns Nordländer kann man auf jene Muster nicht ausschließlich hinweisen. Wir haben uns andrer Voreltern zu rühmen und haben manch anderes Vorbild im Auge. Wäre nicht durch die romantische Wendung ungebildeter Jahrhunderte das Ungeheure mit dem Abgeschmackten in Berührung gekommen, woher hätten wir einen "Hamlet", einen "Lear", eine "Anbetung des Kreuzes", einen "Standhaften Prinzen"?

Uns auf der Höhe dieser barbarischen Avantagen, da wir die antiken Vorteile wohl niemals erreichen werden, mit Mut zu erhalten, ist unsre Pflicht, zugleich aber auch Pflicht, dasjenige was andre denken, urteilen und glauben, was sie hervorbringen und leisten, wohl zu kennen und treulich zu schätzen.

Lully

Geb. zu Florenz 1633. Gest. zu Paris 1687

Die große Oper war in Italien zu einer Zeit erfunden worden, als Perspektivmalerei und Maschinerie sich in einem hohen Grade ausgebildet hatten, die Musik aber noch weit zurückstand. An einem solchen Ursprung hat diese Schauspielart immer gelitten und leidet noch daran. Was aus dem Prunk entstanden ist, kann nicht zur Kunst zurückkehren, was sich vom Scheine herschreibt, kann keine höhern Forderungen befriedigen.

In der Hälfte des 17. Jahrhunderts kam die italienische Oper nach Frankreich; französische Dichter und Komponisten machten bald darauf den Versuch, sie zu nationalisieren, welcher mit abwechselndem Glück eine Zeitlang fortgesetzt wurde, bis endlich Lully die Privilegien der französischen Oper, die unter dem Namen Académie Royale de musique 1669 errichtet wurde, an sich brachte, die Erweiterung ihrer Privilegien zu erlangen wußte und ihr erst ihre eigentliche Konsistenz gab.

"Von diesem Zeitpunkt fing die französische theatralische Musik an, durch mannigfaltige Verschiedenheiten, sowohl in der poetischen Einrichtung der Dramen und der musikalischen Beschaffenheit ihrer Bestandteile, der Arien, Chöre, des mehr singenden oder eigentlich psalmodischen Rezitativs, der Ballette, der eigentümlichen Gänge und Schlußfälle der Melodie, der einförmigern Modulationen, der Liebe zu den weichern Tonarten, als auch in Absicht vieler Fehler der Exekution sich zu trennen und zu einer Nationalmusik zu werden. Die auf Lully folgenden Komponisten nahmen ihn ganz zu ihrem Muster, und so konnte es geschehen, daß seine Musik eine Art Epoche von so langer Dauer in den Annalen der französischen Kunstgeschichte bildete."

An dem schönen Talente Quinaults fand Lully eine große Unterstützung. Er war für diese Dichtungsart geboren, deklamierte selbst vortrefflich und arbeitete so dem Komponisten in doppeltem Sinne vor. Sie lebten beide zusammen und starben nicht lange nacheinander, und man kann wohl den Sukzeß der französischen Oper und die lange dauernde Gunst für dieselbe der Vereinigung zweier so glücklichen Talente zuschreiben.

Marivaux

Geb. zu Paris 1688. Gest. 1763

Die Geschichte seines erworbenen und wiederverlorenen Rufes ist die Geschichte so vieler andern, besonders bei dem französischen Theater.

Es gibt so viele Stücke, die zu ihrer Zeit sehr gut aufgenommen worden, bei denen die französischen Kritiker selbst nicht begreifen, wie es zugegangen, und doch ist die Sache leicht erklärlich.

Das Neue hat als solches schon eine besondre Gunst. Nehme man dazu, daß ein junger Mann auftritt, der als ein Neuer das Neue liefert, der sich durch Bescheidenheit Gunst zu erwerben weiß, um so leichter als er nicht den höchsten Kranz davonzutragen, sondern nur Hoffnungen zu erregen verspricht. Man nehme das Publikum, das jederzeit nur von augenblicklichen Eindrücken abhängt, das einen neuen Namen wie ein weißes Blatt ansieht, worauf man Gunst oder Ungunst nach Befinden schreiben kann, und man denke sich ein Stück, mit einigem Talent geschrieben, von vorzüglichen Schauspielern aufgeführt, warum sollte es nicht günstig aufgenommen werden? warum sollte es nicht sich und seinen Autor durch Gewohnheit empfehlen?

Selbst ein erster Mißgriff ist in der Folge zu verbessern, und wem es zuerst nicht ganz geglückt, kann sich durch fortdauerndes Bestreben in Gunst setzen und erhalten. Von jenem sowohl als diesem Fall kommen in der französischen Theatergeschichte mannigfaltige Beispiele vor.

Aber was unmöglich ist, zeigt sich auch. Unmöglich ist es, die Gunst der Menge bis ans Ende zu erhalten. Das Genie erschöpft sich, um so mehr das Talent. Was der Autor nicht merkt, merkt das Publikum. Er befriedigt selbst seine Gönner nicht mehr lebhaft. Neue Anforderungen an Gunst werden gemacht, die Zeit schreitet vor, eine frische Jugend wirkt und man findet die Richtung, die Wendung eines frühern Talentes veraltet.

Der Schriftsteller, der nicht selbst beizeiten zurückgetreten, der noch immer eine ähnliche Aufnahme erwartet, sieht einem unglücklichen Alter entgegen, wie eine Frau, die von den scheidenden Reizen nicht Abschied nehmen will.

In diese traurige Lage kam Marivaux; er mochte sich mit der Allgemeinheit seines Geschicks nicht trösten, zeigte sich übellaunig und wird hier um deswillen von Diderot verspottet.

Montesquieu

Geb. 1689. Gest. 1755

"Daß Montesquieu nur ein schöner Geist sei." Eine ähnliche Redensart ist oben schon bei d'Alembert angeführt worden.

Durch seine "Lettres persanes" machte sich Montesquieu zuerst bekannt. Die große Wirkung, welche sie hervorbrachten, war ihrem Gehalt und der glücklichen Behandlung desselben gleich. Unter dem Vehikel einer reizenden Sinnlichkeit weiß der Verfasser seine Nation auf die bedeutendsten, ja die gefährlichsten Materien aufmerksam zu machen, und schon ganz deutlich kündigt sich der Geist an, welcher den "Esprit des lois" hervorbringen sollte. Weil er sich nun aber bei diesem seinem ersten Eintritt einer leichten Hülle bedient, so will man ihn denn auch nur, da er sie schon abgeworfen, nach ihr schätzen und ihm das weitre größere Verdienst halbkennerisch ableugnen.

Musik

Ein großer Teil des vorliegenden Gespräches handelt von Musik, und es ist nötig, hier einiges Allgemeine über diese Kunst zu sagen, damit jeder Lesende in den Stand gesetzt werde, die oft wunderlich genug geäußerten Meinungen einigermaßen zu beurteilen.

Alle neuere Musik wird auf zweierlei Weise behandelt, entweder daß man sie als eine selbständige Kunst betrachtet, sie in sich selbst ausbildet, ausübt und durch den verfeinerten äußeren Sinn genießt, wie es der Italiener zu tun pflegt, oder daß man sie in Bezug auf Verstand, Empfindung, Leidenschaft setzt und sie dergestalt bearbeitet, daß sie mehrere menschliche Geistes- und Seelenkräfte in Anspruch nehmen könne, wie es die Weise der Franzosen, der Deutschen und aller Nordländer ist und bleiben wird.

Nur durch diese Betrachtung, als durch einen doppelten ariadneischen Faden, kann man sich aus der Geschichte der neuern Musik und aus dem Gewirr parteiischer Kämpfer heraushelfen, wenn man die beiden Arten da, wo sie getrennt erscheinen, wohl bemerkt und ferner untersucht, wie sie sich an gewissen Orten, zu gewissen Zeiten, in den Werken gewisser Individuen zu vereinigen gestrebt und sich auch wohl für einen Augenblick zusammengefunden, dann aber wieder auseinandergegangen, nicht ohne sich ihre Eigenschaften einander mehr oder weniger mitgeteilt zu haben, da sie sich denn in wunderbaren, ihren Hauptästen mehr oder weniger annähernden Ramifikationen über die Erde verbreiteten.

Seit einer sorgfältigen Ausbildung der Musik in mehrern Ländern mußte sich diese Trennung zeigen, und sie besteht bis auf den heutigen Tag. Der Italiener wird sich der lieblichsten Harmonie, der gefälligsten Melodie befleißigen, er wird sich an dem Zusammenklang, an der Bewegung als solchen ergötzen, er wird des Sängers Kehle zu Rate ziehn und das, was dieser an gehaltenen oder schnell aufeinanderfolgenden Tönen und deren mannigfaltigstem Vortrag leisten kann, auf die glücklichste Weise hervorheben und so das gebildete Ohr seiner Landsleute entzücken. Er wird aber auch dem Vorwurf nicht entgehen, seinem Text, da er zum Gesang doch einmal Text haben muß, keinesweges genuggetan zu haben.

Die andre Partei hingegen hat mehr oder weniger den Sinn, die Empfindung, die Leidenschaft, welche der Dichter ausdruckt, vor Augen; mit ihm zu wetteifern, hält sie für Pflicht. Seltsame Harmonien, unterbrochene Melodien, gewaltsame Abweichungen und Übergänge sucht man auf, um den Schrei des Entzückens, der Angst und der Verzweiflung auszudrücken. Solche Komponisten werden bei Empfindenden, bei Verständigen ihr Glück machen, aber dem Vorwurf des beleidigten Ohrs, insofern es für sich genießen will, ohne an seinem Genuß Kopf und Herz teilnehmen zu lassen, schwerlich entgehen.

Vielleicht läßt sich kein Komponist nennen, dem in seinen Werken durchaus die Vereinigung beider Eigenschaften gelungen wäre, doch ist es keine Frage, daß sie sich in den besten Arbeiten der besten Meister finde und notwendig finden müsse.

Übrigens, was diesen Zwiespalt betrifft, so ist er wohl nie gewaltsamer erschienen als in dem Streit der Gluckisten und Piccinisten, da denn auch der Bedeutende vor dem Gefälligen die Palme erhielt. Ja, haben wir nicht noch in unsern Tagen den lieblichen Païsiello durch einen ausdrucksvollern Komponisten verdrängt gesehen, eine Begebenheit, die sich in Paris immerfort wiederholen wird.

Wie der Italiener mit dem Gesang, so verfuhr der Deutsche mit der Instrumentalmusik. Er betrachtete sie auch eine Zeitlang als eine besondere, für sich bestehende Kunst, vervollkommnete ihr Technisches und übte sie, fast ohne weitern Bezug auf Gemütskräfte, lebhaft aus, da sie denn bei einer, dem Deutschen wohl gemäßen, tiefern Behandlung der Harmonie zu einem hohen, für alle Völker musterhaften Grade gelangt ist.

Da alles dasjenige, was wir allgemein und flüchtig über Musik geäußert, nur die Absicht haben kann, einiges Licht über vorliegenden Dialog zu verbreiten, so müssen wir bemerken, daß sich nicht ohne Schwierigkeit der Standpunkt, auf welchem sich Diderot befindet, einsehen läßt.

In der Hälfte des vorigen Jahrhunderts waren die sämtlichen Künste in Frankreich auf eine sonderbare, ja für uns fast unglaubliche Weise manieriert und von aller eigentlichen Kunstwahrheit und Einfalt getrennt. Nicht allein das abenteuerliche Gebäude der Oper war durch das Herkommen nur starrer und steifer geworden, auch die Tragödie ward in Reifröcken gespielt, und eine hohle, affektierte Deklamation trug ihre Meisterwerke vor. Dieses ging so weit, daß der außerordentliche Voltaire, bei Vorlesung seiner eigenen Stücke, in einem ausdruckslosen, eintönigen, gleichfalls psalmodierenden Bombast verfiel und sich überzeugt hielt, daß auf diese Weise die Würde seiner Stücke, die eine weit bessere Behandlung verdienten, ausgedrückt werde.

Ebenso verhielt sich's mit der Malerei. Durchaus war das Fratzenhafte eines gewissen Herkömmlichen so hoch gestiegen, daß es den aus innerer Naturkraft sich entwickelnden trefflichen Geistern der damaligen Zeit höchst auffallend und unerträglich scheinen mußte.

Sie fielen daher sämtlich drauf, das, was sie Natur nannten, der Kultur und der Kunst entgegenzusetzen. Wie hierin Diderot sich geirrt, haben wir anderswo, mit Achtung und Neigung gegen diesen vortrefflichen Mann, dargetan. (Siehe "Propyläen".)

Auch gegen die Musik befand er sich in einer besondern Lage. Die Kompositionen des Lully und Rameau gehören mehr zur bedeutenden als zur gefälligen Musik. Das, was die Bouffons aus Italien brachten, hatte mehr Angenehmes und Einschmeichelndes als Bedeutendes, und doch schlägt sich Diderot, der so lebhaft auf die Bedeutung dringt, zu dieser letzten Partei und glaubt seine Wünsche durch sie befriedigt zu sehen. Aber es war wohl mehr, weil dieses Neue, Bewegliche jenes alte verhaßte starre Zimmerwerk zu zerstören und eine frische Fläche für neue Bemühungen zu ebnen schien, daß er das letzte so hoch in Gunst nahm.

Auch benutzten französische Komponisten sogleich den gegebenen Raum und brachten ihre alte bedeutende Weise, melodischer und mit mehrerer Kunstwahrheit, zu Befriedigung der neuen Generation, in den Gang.

d'Olivet (Abbé)

Geb. 1682. Gest. 1768

Bei den Jesuiten erzogen, beschäftigte er sich zuerst mit dem Cicero, den er auch übersetzte. Aufgenommen in die französische Akademie, gedachte er auch für die vaterländische Sprache etwas zu leisten und hat ihr auf mehr denn eine Weise genutzt; doch ward er nun als Grammatiker, Prosodist, Neuerungsfeind, Purist und Rigorist den Dichtern und Schriftstellern höchlich verhaßt, denen er, man muß es freilich gestehen, öfters Unrecht tat, indem er ihnen die rechten Wege wies.

Palissot

Geb. zu Nancy 1730

Eine von den mittlern Naturen, die nach dem Höhern streben, das sie nicht erreichen, und sich vom Gemeinen abziehn, das sie nicht loswerden. Will man billig sein, so darf man ihn unter die guten Köpfe rechnen. Es fehlt ihm nicht an Verstandesklarheit, an Lebhaftigkeit, an einem gewissen Talent; aber gerade diese Menschen sind es, die sich mancher Anmaßung schuldig machen. Denn indem sie alles nach einem gewissen, kleineren Maßstabe messen, so fehlt ihnen der Sinn fürs Außerordentliche, und indem sie sich gegen das Gewöhnliche gerecht halten, werden sie ungerecht gegen das vorzügliche Verdienst, besonders anfangs, wenn es sich ankündigt. So vergriff sich Palissot an Rousseau, und es dient zu unserm Zwecke, dieser Händel, von ihrem ersten Ursprunge an, zu gedenken. König Stanislaus errichtete zu Nancy Ludwig dem XV. eine Statue. Am Feste der Weihung, den 6. November 1755, sollte auch ein analoges Theaterstück gegeben werden. Palissot, dessen Talent in seiner Vaterstadt Zutrauen erregt haben mochte, erhielt hiezu den Auftrag. Anstatt nun daß ein wahrer Dichter diese Gelegenheit zu einer edlen und würdigen Darstellung nicht unbenutzt gelassen hätte, suchte der gute Kopf durch ein kurzes allegorisches Vorspiel den glücklichen Stoff nur geschwinde loszuwerden, worauf er hingegen ein Schubladenstück, "Der Zirkel", folgen ließ, worin er das, was seiner literarischen Kleinheit am nächsten lag, mit Selbstgefälligkeit behandelte.

Es erschienen nämlich in diesem Stücke übertriebene Poeten, anmaßliche Gönner und Gönnerinnen, gelehrte Frauen und dergleichen Personen, deren Urbilder nicht selten sind, sobald Kunst und Wissenschaft in das Leben einwirkt. Was sie nun Lächerliches haben mögen, wird hier bis ins Abgeschmackte übertrieben dargestellt, anstatt daß es immer schon dankenswert ist, wenn jemand Bedeutendes aus der Menge, eine Schöne, ein Reicher, ein Vornehmer am Rechten und Guten teilnimmt, wenn es auch nicht auf die rechte Weise geschieht.

Überhaupt gehört nichts weniger aufs Theater als Literatur und ihre Verhältnisse. Alles, was in diesem Kreise webt, ist so zart und wichtig, daß keine Streitfrage aus demselben vor den Richterstuhl der gaffenden und staunenden Menge gebracht werden sollte. Man berufe sich nicht auf Molière, wie Palissot und nach ihm andre getan haben. Dem Genie ist nichts vorzuschreiben, es läuft glücklich wie ein Nachtwandler über die scharfen Gipfelrücken weg, von denen die wache Mittelmäßigkeit beim ersten Versuche herunterplumpt. Mit wie leichter Hand Molière dergleichen Gegenstände berührt, wird nächstens anderswo zu entwickeln sein.

Nicht genug, daß Palissot seine literarischen Zunftverwandten vor Hof und Stadt durchzog, ließ er auch ein Fratzenbild Rousseaus auftreten, der sich zu jener Zeit, zwar paradox aber doch würdig genug, angekündigt hatte. Was von den Sonderbarkeiten dieses außerordentlichen Mannes den Weltmenschen auffallen konnte, ward hier, keineswegs geistreich und heiter, sondern täppisch und mit bösem Willen vorgestellt, und das Fest zweier Könige pasquillantisch herabgewürdigt.

Auch blieb diese unschickliche Kühnheit für den Verfasser nicht ohne Folgen, ja sie hatte Einfluß auf sein ganzes Leben. Die Gesellschaft genie- und talentreicher Menschen, die man unter dem Namen der Philosophen oder Enzyklopädisten bezeichnete, hatte sich schon gebildet, und d'Alembert war ein bedeutendes Glied derselben. Er fühlte was ein solcher Ausfall, an einem solchen Tage, bei einer solchen Gelegenheit, für Folgen haben könne. Er lehnte sich mit aller Gewalt dagegen auf, und ob man gleich Palissoten nicht weiter beikommen konnte, so ward er doch als ein entschiedener Gegner jener großen Sozietät behandelt, und man wußte ihm auf mancherlei Weise das Leben sauer zu machen. Dagegen blieb er von seiner Seite nicht müßig.

Nichts ist natürlicher, als daß jene verbündete Anzahl außerordentlicher Männer, wegen dessen, was sie waren und was sie wollten, viele Widersacher finden mußten. Zu diesen schlug sich Palissot und schrieb das Lustspiel "Die Philosophen", worüber der folgende Artikel nachzusehen.

"Die Philosophen"

Ein Lustspiel von Palissot, zum erstenmal den 2. Mai 1760 zu Paris aufgeführt

Wie ein Schriftsteller sich ankündigt, fährt er meistenteils fort, und bei mittleren Talenten sind oft im ersten Werke alle die übrigen enthalten. Denn der Mensch, der in sich selbst eins und rund ist, kann auch in seinen Werken nur einen gewissen Kreis durchlaufen.

So waren auch Palissots "Philosophen" nur eine Amplifikation jenes Feststückes zu Nancy. Er geht weiter, aber er sieht nicht weiter. Als ein beschränkter Widersacher eines gewissen Zustandes erblickt er keinesweges, worauf es im allgemeinen ankommt, und bringt auf ein beschränktes, leidenschaftliches Publikum eine augenblickliche Wirkung hervor.

Erheben wir uns höher, so bleibt uns nicht verborgen, daß ein falscher Schein gewöhnlich Kunst und Wissenschaft begleitet, wenn sie in den Gang der Welt eintreten; denn sie wirken auf alle vorhandene Menschen und nicht etwa allein auf die vorzüglichsten des Jahrhunderts. Oft ist die Teilnahme halbfähiger, anmaßlicher Naturen fruchtlos, ja schädlich. Der gemeine Sinn erschrickt über die falsche Anwendung höherer Maximen, wenn man sie mit der rohen Wirklichkeit unmittelbar in Verhältnis bringt.

Sodann haben alle zurückgezogene, nur für ein gewisses Geschäft wirksame Menschen vor der Welt ein fremdes Ansehen, das man gern lächerlich findet. Sie verbergen nicht leicht, daß sie auf das, worauf sie ihr Leben verwenden, einen großen Wert legen, und erscheinen dem, der die Bemühung nicht zu schätzen oder gegen das Verdienst, das sich vielleicht zu sehr fühlt, keine Nachsicht zu haben weiß, als übermütig, grillenhaft und eingebildet.

Alles dieses entspringt aus der Sache, und nur der wäre zu loben, der solchen unvermeidlichen Übeln dergestalt zu begegnen wüßte, daß der Hauptzweck nicht verfehlt würde und die höhern Wirkungen für die Welt nicht verlorengingen. Palissot aber will das Übel ärger machen, er gedenkt eine Satire zu schreiben und gewissen bestimmten Individuen, deren Bild sich allenfalls verzerren läßt, in der öffentlichen Meinung zu schaden, und wie benimmt er sich?

Sein Stück ist in drei Akte kurz zusammengefaßt. Die Ökonomie desselben ist geschickt genug und zeugt von einem geübten Talente; allein die Erfindung ist mager, man sieht sich in dem ganz bekannten Raume der französischen Komödie. Nichts ist neu als die Kühnheit, ganz deutlich ausgesprochne Personalitäten auszubringen.

Ein wackrer Bürger hatte seine Tochter vor seinem Tode einem jungen Soldaten zugesagt, die Mutter aber ist nunmehr als Witwe von der Philosophie eingenommen und will das Mädchen nur einem aus dieser Gilde zugestehen. Die Philosophen selbst erscheinen abscheulich, und doch in der Hauptsache so wenig charakteristisch, daß man an ihre Stelle die Nichtswürdigen einer jeden Klasse setzen könnte.

Keiner von ihnen ist etwa durch Neigung, Gewohnheit oder sonst an die Frau und das Haus gebunden, keiner betrügt sich etwa über sie oder hat sonst irgendein menschliches Gefühl gegen dieselbe: das alles war dem Autor zu fein, ob er gleich genügsame Muster hierzu in dem sogenannten Bureau d'esprit vor sich fand; verhaßt wollte er die Gesellschaft der

Philosophen machen. Diese verachtet und verwünscht ihre Gönnerin auf das plumpste. Die Herren kommen sämtlich nur ins Haus, um ihrem Freund Valère das Mädchen zu verschaffen. Sie versichern, daß keiner, sobald dieser Anschlag gelungen, die Schwelle je wieder betreten werde. Unter solchen Zügen soll man Männer wie d'Alembert und Helvétius wiedererkennen! Denken läßt sich, daß die von dem letztern aufgestellte Maxime des Eigennutzes wacker durchgezogen und als unmittelbar zum Taschendiebstahl führend vorgestellt werde. Zuletzt erscheint ein Hanswurst von Bedienten auf Händen und Füßen, mit einer Salatstaude, um den von Rousseau wünschenswert geschilderten Naturzustand lächerlich zu machen. Ein aufgefangener Brief entdeckt die Gesinnungen der Philosophen gegen die Hausdame, und sie werden mit Beschämung fortgejagt.

Das Stück konnte sich, seinem technischen Verdienst nach, recht wohl in Paris sehen lassen. Die Versifikation ist nicht ungelenk, hie und da findet man eine geistreiche Wendung, durchaus aber ist der Appell an die Gemeinheit, jener Hauptkunstgriff derer, die sich dem Vorzüglichen widersetzen, unerträglich und verächtlich.

Wie Voltaire über diese Sachen nicht sowohl dachte als schrieb, gibt über die damaligen Verhältnisse den besten Aufschluß. Wir übersetzen daher ein Paar seiner Briefe an Palissot, der in seinen Antworten gegen jenen, die Zustände mit Freiheit und Klugheit, man möchte sagen mit Weisheit überschauenden Geist eine sehr beschränkte, rechthaberische, subalterne Rolle spielt.

Voltaire an Palissot

Mögt Ihr doch selbst Euer Gewissen prüfen, und untersuchen, ob Ihr gerecht seid, indem Ihr die Herren d'Alembert, Duclos, Diderot, Helvétius, den Chevalier de Jaucourt und tutti quanti wie Schurken vorstellt, die im Taschendiebstahl unterrichten.

Noch einmal. Sie haben auf Eure Kosten in ihren Schriften lachen wollen, und ich finde recht gut, daß Ihr auf die ihrigen lacht. Aber, beim Himmel!

der Spaß ist zu stark. Wären sie, wie Ihr sie schildert, man müßte sie auf die Galeeren schicken, welches keineswegs ins komische Genre paßt. Ich rede geradezu. Die Männer die Ihr entehren wollt, gelten für die wackersten Leute in der Welt, und ich weiß nicht, ob ihre Rechtschaffenheit nicht noch größer ist als ihre Philosophie. Ich sage Euch offenherzig: ich kenne nichts ehrwürdiger als Herrn Helvétius, der 200 000 Livres Einkünfte aufgeopfert hat, um sich in Frieden der Wissenschaft zu widmen. Hat er in einem dicken Buch ein halb Dutzend verwegene und übelklingende Sätze vorgebracht, so hat es ihn genug gereut, ohne daß Ihr nötig hättet, seine Wunden auf dem Theater wieder aufzureißen. Herr Duclos, Sekretär der ersten Akademie des Königreichs, scheint mir viel mehr Achtung zu verdienen, als Ihr ihm bezeigt. Sein Buch über die Sitten ist keineswegs ein schlechtes Buch, besonders ist es das Buch eines rechtschaffenen Mannes. Mit einem Wort, diese Herren, haben sie Euch öffentlich beleidigt? Mir scheint es nicht. Warum beleidigt Ihr sie denn auf so grausame Weise?

Ich kenne Herrn Diderot gar nicht, ich habe ihn niemals gesehen. Ich weiß nur, daß er unglücklich und verfolgt war, und schon darum allein sollte Euch die Feder aus der Hand fallen.

Übrigens betrachte ich das Unternehmen der Enzyklopädie als das schönste Denkmal, das man zu Ehren der Wissenschaften aufrichten konnte. Es befinden sich darin bewundernswerte Artikel, nicht allein von Herrn d'Alembert, von Herrn Diderot, von Herrn Ritter Jaucourt, sondern auch von vielen andern Personen, die, ohne an Ruhm oder Vorteil zu denken, sich ein Vergnügen machten an diesem Werke zu arbeiten.

Es gibt auch freilich jämmerliche Artikel darin und vielleicht sind die meinigen darunter; aber das Gute überwiegt so unendlich das Schlechte, und ganz Europa wünscht die Fortsetzung der Enzyklopädie. Die ersten Bände sind schon in mehrere Sprachen übersetzt, warum denn auf dem Theater sich über ein Werk aufhalten, das zum Unterricht der Menschen und zum Ruhm der Nation unentbehrlich ist?

Ihr macht mich rasend, mein Herr. Ich hatte mir vorgenommen, über alles zu lachen, in meiner stillen Eingezogenheit, und Ihr macht mich traurig, überhäuft mich mit Höflichkeiten, Lobreden, Freundschaft; aber Ihr macht mich erröten, wenn Ihr drucken laßt, daß ich denen, die Ihr angreift, überlegen bin. Ich glaube wohl, daß ich beßre Verse mache wie sie und daß ich ungefähr ebensoviel Geschichte weiß; aber bei meinem Gott, bei meiner Seele, ich bin kaum ihr Schüler in dem übrigen, so alt als ich bin. – Noch einmal, Diderot kenne ich nicht, ich habe ihn nie gesehen. Aber er hatte mit Herrn d'Alembert ein unsterbliches Werk unternommen, ein notwendiges Werk, das ich täglich befrage. Außerdem war dieses Werk ein Gegenstand von 300 000 Talern im Buchhandel. Man übersetzt es in drei bis vier Sprachen. Questa rabbia detta gelosía waffnet sich nun gegen dieses der Nation werte Denkmal, woran mehr als fünfzig Personen von Bedeutung Hand anzulegen sich beeiferten.

Ein Abraham Chaumeix unternimmt, eine Schrift gegen die Enzyklopädie herauszugeben, worin er die Autoren sagen läßt, was sie nicht gesagt haben, vergiftet, was sie gesagt haben, und gegen das argumentiert, was sie noch sagen werden. Er zitiert die Kirchenväter so falsch, als er das Diktionär zitiert.

Und in diesen gehässigen Umständen schreibt Ihr Eure Komödie gegen die Philosophen. Ihr durchbohrt sie, da sie sich schon sub gladio befinden. Ihr sagt mir: Molière habe Cotin und Ménage durchgezogen. Sei's; aber er sagte nicht, daß Cotin und Ménage eine verwerfliche Moral lehrten, und Ihr beschuldigt alle diese Herren abscheulicher Maximen, in Euerm Stück und Eurer Vorrede. Ihr versichert mir, daß Ihr den Herrn Chevalier de Jaucourt nicht angeklagt habt, und doch ist er der Verfasser des Artikels "Gouvernement". Sein Name steht in großen Buchstaben am Ende des Artikels. Ihr bringt einige Züge an, die ihm großen Schaden tun können, entkleidet von allem, was vorhergeht und was folgt, aber was im ganzen genommen des Cicero, de Thou und Grotius wert ist. – Ihr wollt eine Stelle der vortrefflichen Vorrede des Herrn d'Alembert zur Enzyklopädie verhaßt machen, und es ist kein Wort von dieser Stelle darin. Ihr bürdet Herrn

Diderot auf, was in den "Jüdischen Briefen" steht. Gewiß hat Euch irgendein Abraham Chaumeix Auszüge mitgeteilt und Euch betrogen.

Ihr tut mehr. Ihr fügt zu Eurer Anklage der rechtschaffensten Männer Abscheulichkeiten aus irgendeiner Broschüre, die den Titel führt: "La Vie heureuse". Ein Narr, namens Lamettrie, schrieb sie einmal zu Berlin, da er trunken war, vor mehr als 12 Jahren. Diese Abgeschmacktheit des Lamettries, die auf immer vergessen war und die Ihr wieder belebt, hat nicht mehr Verhältnis zur Philosophie und Enzyklopädie, als ein liederliches Buch mit der Kirchengeschichte, und doch verbindet Ihr alle diese Anklagen zusammen. Was entsteht daraus? Euer Angeben kann in die Hände eines Fürsten fallen, eines Ministers, einer wichtig beschäftigten Magistratsperson. Man hat wohl Zeit, flüchtig Eure Vorrede zu lesen, aber nicht, die unendlichen Werke zu vergleichen.

Piron

Geb. 1689. Gest. 1773

Piron war einer der besten, geistreichsten Gesellschafter, und auch in seinen Schriften zeigt sich der heitre freie Ton, anziehend und belebend.

Die französischen Kritiker beklagen sich, daß man bei Sammlung seiner Werke nicht streng genug verfahren. Man hätte, meinen sie, manches davon der Vergessenheit übergeben sollen.

Diese Anmaßung der Kritik erscheint ganz lächerlich, wenn wir die große Masse unbedeutender Bücher aufgestellt sehen, die doch alle der Nachwelt angehören und die kein Bibliothekar zu verbannen das Recht hat; warum will man uns die Übungsstücke, die geistreichen und leichten Kompositionen eines guten Kopfs vorenthalten?

Und gerade diese leichteren Arbeiten sind es, wodurch man Piron am ersten liebgewinnt. Er war ein trefflicher, kraftvoller Kopf und hatte, in einer Provinzstadt geboren und erzogen, nachher in Paris, bei kümmerlichem Unterhalt, sich mehr aus sich selbst entwickelt, als daß er die Vorteile, die ihm das Jahrhundert anbot, zu seiner Bildung hätte benutzen können. Daher findet sich bei seinen ersten Arbeiten immer etwas wegzuwünschen.

Wir leugnen nicht, daß er uns da fast am meisten interessiert, wo er sein Talent zu äußern Zwecken gelegentlich zum besten gibt. Wie Gozzi, obgleich nicht mit solcher Macht und in solcher Breite, nimmt er sich bedrängter oder beschränkter Theater an, arbeitet für sie, macht ihnen Ruf und ist vergnügt, etwas Unerwartetes geleistet zu haben.

Man weiß, daß in Paris die Schauspiele scharf voneinander gesondert waren; jedes Theater hatte ein bestimmtes, umschriebenes Privilegium auf diese oder jene Darstellungsart. So erlangte noch ein Künstler, da alle übrigen Formen schon vergeben waren, die Erlaubnis, Monodramen im strengsten Sinne aufzuführen. Andre Figuren durften wohl noch auf dem Theater erscheinen, er aber allein durfte handeln und reden. Für diesen Mann arbeitete Piron, und mit Glück. Dank sei es den Herausgebern, daß wir diese Kleinigkeiten noch besitzen, deren uns die pharisäischen und schriftgelehrten Kritiker wohl gern beraubt hätten.

Auch in den Vaudeville-Stücken zeigte sich Piron sehr geistreich. Das gelegentliche Ergreifen einer Melodie, deren erster Text mit dem neuen Text in einem neckischen Verhältnisse steht, gelang ihm vortrefflich, und seine Arbeiten dieser Art haben viel Vorzügliches.

So unglücklich es nun auch Piron im Anfange ging, daß er das ekle Publikum durch keines seiner für das regelmäßige französische Theater geschriebenen Stücke befriedigen konnte, so glücklich war er mit seiner "Métromanie". Er wußte in demselben seine Landsleute dergestalt von der schwachen Seite zu fassen, daß sein Stück, sogleich bei seiner Erscheinung und noch lange Jahre nachher, fortdauernd überschätzt wurde. Man setzte es den Molièrischen an die Seite, mit denen es sich denn doch auf keine Weise messen kann. Doch kommt man freilich, nach und nach, auch in Frankreich auf die Spur, dieses Stück nach seinem wahren Werte zu schätzen.

Überhaupt war nichts für die Franzosen schwerer, als einen Mann wie Piron zu rangieren, der bei einem vorzüglichen und gerade seiner Nation zusagenden Talent, in seinen meisten Arbeiten soviel zu wünschen übrigließ. Seine Bahn war von Jugend auf exzentrisch; ein gewaltsam unanständiges Gedicht nötigte ihn, aus seiner Vaterstadt zu fliehen und sich neun Jahre in Paris kümmerlich zu behelfen. Sein ungebundenes Wesen verleugnete er nie ganz, seine lebhaften, oft egoistischen Ausfälle, seine treffenden Epigramme, Geist und Heiterkeit, die ihm durchaus zu Gebote standen, machten ihn allen Mitlebenden in dem Grade wert, daß er, ohne lächerlich zu scheinen, sich mit dem weit überlegenen Voltaire vergleichen und nicht nur als Gegner, sondern auch als Rival auftreten durfte.

Was übrigens die ihren Piron genugsam schätzenden Franzosen von ihm auch immer Gutes sagen können, schließt sich immer mit dem Refrain, den Diderot schon hier als eine gewöhnliche Redensart aufführt: "Was den Geschmack betrifft, von dem hat euer Piron auch nicht die mindeste Ahndung." (Siehe Geschmack.)

Poinsinet

Geb. zu Fontainebleau 1735. Gest. 1769

Es gibt in der Literatur wie in der Gesellschaft solche kleine, wunderliche, purzliche Figuren, die mit einem gewissen Talent begabt, sehr zu- und vordringlich sind, und indem sie leicht von jedem übersehen werden, Gelegenheit zu allerlei Unterhaltung gewähren.

Indessen gewinnen diese Personen doch immer genug dabei, sie leben, wirken, werden genannt, und es fehlt ihnen nicht an guter Aufnahme. Was ihnen mißglückt, bringt sie nicht aus der Fassung, sie sehen es als einen einzelnen Fall an und hoffen von der Zukunft die besten Erfolge.

Eine solche Figur ist Poinsinet in der französischen literarischen Welt. Bis zum Unglaublichen geht, was man mit ihm vorgenommen, wozu man ihn verleitet, wie man ihn mystifiziert, und selbst sein trauriger Tod, indem er in Spanien ertrank, nimmt nichts von dem lächerlichen Eindruck, den sein Leben machte, hinweg; so wie der Frosch des Feuerwerkers dadurch nicht zu einer Würde gelangt, daß er, nachdem er lange genug geplatzert hat, mit einem stärkeren Knalle endet.

Rameau

Geb. zu Dijon 1683. Gest. zu Paris 1764

Nachstehendes Urteil Rousseaus über die Rameauischen Verdienste trifft mit Diderots Äußerungen genau zusammen und ist geschickt, unsern Lesern die Übersicht der Hauptfrage zu erleichtern.

"Die theoretischen Werke Rameaus haben das sonderbare Schicksal, daß sie ein großes Glück machten, ohne daß man sie gelesen hatte, und man wird sie jetzt noch viel weniger lesen, seitdem Herr d'Alembert sich die Mühe gegeben, die Lehre dieses Verfassers im Auszuge mitzuteilen. Gewiß werden die Originale dadurch vernichtet werden, und wir werden uns dergestalt entschädigt finden, daß wir sie keinesweges vermissen. Diese verschiedenen Werke enthalten nichts Neues, noch Nützliches, als das Prinzip des Grundbasses; aber es ist kein kleines Verdienst, einen Grundsatz, war er auch willkürlich, in einer Kunst festzusetzen, die sich dazu kaum zu bequemen schien, und die Regeln dergestalt erleichtert zu haben, daß man das Studium der Komposition, wozu man sonst zwanzig Jahre brauchte, gegenwärtig in einigen Monaten vollbringen kann. Die Musiker haben Herrn Rameaus Entdeckung begierig ergriffen, indem sie solche zu verachten scheinen wollten. Die Schüler haben sich mit unglaublicher Schnelligkeit vervielfältigt. Man sah von allen Seiten kleine zweitägige Komponisten, die meisten ohne Talente, welche nun, auf Unkosten ihres Meisters, die Lehrer spielten, und auf diese Weise haben die großen reellen und gründlichen Dienste, welche Herr Rameau der Musik geleistet, zu gleicher Zeit die Unbequemlichkeit herbeigeführt, daß Frankreich sich von schlechter Musik und schlechten Musikern überschwemmt sah, weil jeder schon glaubte, alle Feinheiten der Kunst einzusehen, sobald er mit den Elementen bekannt war, und alle nun Harmonien erfinden wollten, ehe die Erfahrung ihrem Ohr die gute zu unterscheiden gelehrt hatte.

Was die Opern des Herrn Rameau betrifft, so hat man ihnen zuerst die Verbindlichkeit, daß sie das lyrische Theater über die gemeinen Bretter erhuben. Er hat kühn den kleinen Zirkel der sehr kleinen Musik durchbrochen, innerhalb dessen unsere kleinen Musiker sich, seit dem Tode des großen Lully, immer herumtrieben, daß, wenn man auch ungerecht genug sein wollte, Herrn Rameau außerordentliche Talente abzusprechen, man doch gestehen müßte, daß er ihnen einigermaßen die Laufbahn eröffnet, daß er künftige Musiker in den Stand gesetzt, die ihrigen ungestraft zu entwickeln, welches fürwahr kein geringes Unternehmen ist. Er hat die Dornen gefühlt, seine Nachfolger pflücken die Rosen.

Man beschuldigt ihn sehr leichtsinnig, wie mir scheint, nur schlechte Texte komponiert zu haben: denn wenn dieser Vorwurf einigen Sinn haben sollte, so müßte man zeigen, daß er sich in dem Fall befunden, wählen zu können. Wollte man denn lieber, daß er gar nichts gemacht hätte? Weit gegründeter ist der Vorwurf, daß er seinen Text nicht immer verstanden, daß er die Absicht des Poeten übel gefaßt oder nicht etwas Schicklicheres an die Stelle gesetzt, daß er vieles widersinnig ausgedruckt. Es war nicht seine Schuld, daß er schlechte Texte bearbeitete; aber man kann zweifeln, daß er bessere genugsam ins Licht gestellt hätte. Gewiß steht er, von seiten des Geists und der Einsicht, weit unter Lully, ob er gleich ihm, von seiten des Ausdrucks, fast vorzuziehen ist.

Man muß in Herrn Rameau ein sehr großes Talent anerkennen, viel Feuer, einen wohlklingenden Kopf, eine große Kenntnis harmonischer Umkehrungen und aller Mittel, die Wirkung hervorbringen; man muß ihm die Kunst zugestehen, sich fremde Ideen zuzueignen, ihre Natur zu verändern, sie zu verzieren, zu verschönern und seine eigenen auf vielfältige Weise umzudrehen. Dagegen hatte er weniger Leichtigkeit, neue zu erfinden, mehr Geschicklichkeit als Fruchtbarkeit, mehr Wissen als Genie, oder wenigstens ein Genie, erstickt durch zu vieles Wissen; aber immer Stärke, Zierlichkeit und sehr oft einen schönen Gesang.

Sein Rezitativ ist nicht so natürlich, aber viel mannigfaltiger als das des Lully, in wenigen Szenen bewundernswert, übrigens schlecht fast durchaus. Vielleicht ist dies ebensosehr der Fehler der Gattung als der seinige. Denn sehr oft, weil er sich der Deklamation zu sehr unterwarf, ward sein Gesang barock und seine Übergänge hart. Hätte er die Kraft gehabt, das wahre Rezitativ zu fassen und bis unter die Schafherde zu bringen, so glaube ich, er hätte das Vortreffliche leisten können.

Er ist der erste, der Symphonien und reiche Begleitungen gemacht hat; aber er ist darin zu weit gegangen. Das Orchester der Oper glich vor seiner Zeit einer Truppe blinder Musikanten, die von der fallenden Sucht ergriffen werden. Er hat ihnen einige Freiheit gegeben, und sie versichern, daß sie jetzt etwas auszuführen wissen; aber ich sage, diese Leute werden niemals weder Geschmack noch Seele zeigen. Es ist immer noch nichts, beisammen zu sein, stark oder leise zu spielen und dem Akteur zu folgen, die Töne stärker, sanfter, gehaltener, flüchtiger vortragen, wie es der gute Geschmack oder der Ausdruck verlangt; den Geist einer Begleitung fassen, die Stimmen tragen und heben, das ist die Kunst aller Orchester der Welt, nur nicht unsers Opernorchesters.

Und ich sage, Herr Rameau hat dieses Orchester, es sei wie es will, mißbraucht; er machte die Begleitungen so konfus, so überladen, so häufig, daß einem der Kopf springen möchte bei dem unendlichen Gelärme der verschiedenen Instrumente während der Aufführung seiner Opern, die man mit Vergnügen hören würde, wenn sie die Ohren weniger betäubten. Daher kommt es, daß das Orchester, weil es immer im Spiel ist, nicht ergreift, nicht trifft und fast immer seine Wirkung verfehlt. Eigentlich muß nach einer rezitierten Szene ein unerwarteter Bogenstrich den zerstreutesten Zuhörer aufwecken, ihn auf die Bilder aufmerksam machen, die ihm der Verfasser darstellen will, ihn zu den Gefühlen vorbereiten, die er in ihm erregen will, und das wird kein Orchester leisten, das nicht aufhört zu kratzen.

Ein andrer, noch stärkerer Grund gegen die überladenen Begleitungen ist, daß sie gerade das Gegenteil von dem bewirken, was sie hervorbringen sollten. Anstatt die Aufmerksamkeit des Zuschauers angenehmer festzuhalten, so teilen sie solche, um sie zu zerstören. Ehe man mich beredet, daß drei oder vier Motive, durch drei oder vier Instrumente übereinandergehäuft, etwas Lobenswürdiges seien, so muß man mir erst beweisen, daß drei oder vier Handlungen in einer Komödie nötig sind. Alle diese beliebten Feinheiten der Kunst, diese Nachahmungen, diese Doppelmotive, diese gezwungenen Bässe, diese Gegenfugen sind nur ungestalte Ungeheuer, Denkmale des schlechten Geschmacks, die man in die Klöster verweisen soll, dort mag ihre letzte Zuflucht sein.

Um schließlich nochmals auf Herrn Rameau zu kommen, so denke ich, niemand hat besser als er den Geist desEinzelnen gefaßt, niemand hat besser die Kunst der Kontraste verstanden; aber zu gleicher Zeit hat er seinen Opern jene glückliche und so sehr gewünschte Einheit nicht zu geben gewußt, und er konnte nicht dazu gelangen, ein gutes Werk aus vielen guten, wohl arrangierten Stücken zusammenzusetzen."

"*Rameaus Neffe*"

Das bedeutende Werk, welches wir unter diesem Titel dem deutschen Publikum übergeben, ist wohl unter die vorzüglichsten Arbeiten Diderots zu rechnen. Seine Nation, ja sogar seine Freunde warfen ihm vor, er könne wohl vortreffliche Seiten, aber kein vortreffliches Ganze schreiben. Dergleichen Redensarten sagen sich nach, pflanzen sich fort, und das Verdienst eines trefflichen Mannes bleibt ohne weitre Untersuchung geschmälert. Diejenigen, die also urteilen, hatten wohl den "Jacques le fataliste" nicht gelesen; und auch gegenwärtige Schrift gibt ein Zeugnis, wie glücklich er die heterogensten Elemente der Wirklichkeit in ein ideales Ganze zu vereinigen wußte. Man mochte übrigens als Schriftsteller von ihm denken, wie man wollte, so waren doch Freunde und Feinde darin einverstanden, daß niemand ihn, bei mündlicher Unterhaltung, an Lebhaftigkeit, Kraft, Geist, Mannigfaltigkeit und Anmut übertroffen habe.

Indem er also für die gegenwärtige Schrift eine Gesprächsform wählte, setzte er sich selbst in seinen Vorteil, brachte ein Meisterwerk hervor, das man immer mehr bewundert, je mehr man damit bekannt wird. Die rednerische und moralische Absicht desselben ist mannigfaltig. Erst bietet er alle Kräfte des Geistes auf, um Schmeichler und Schmarotzer in dem ganzen Umfang ihrer Schlechtigkeit zu schildern, wobei denn ihre Patrone keinesweges geschont werden. Zugleich bemüht sich der Verfasser, seine literarischen Feinde als eben dergleichen Heuchler- und Schmeichlervolk zusammenzustellen, und nimmt ferner Gelegenheit seine Meinung und Gesinnung über französische Musik auszusprechen.

So heterogen dieses letzte Ingrediens zu den vorigen scheinen mag, so ist es doch der Teil, der dem Ganzen Halt und Würde gibt: denn indem sich in der Person von Rameaus Neffen eine entschieden abhängige, zu allem Schlechten auf äußern Anlaß fähige Natur ausspricht und also unsre Verachtung, ja sogar unsern Haß erregt, so werden doch diese Empfindungen dadurch gemildert, daß er sich als ein nicht ganz talentloser, phantastisch-praktischer Musikus manifestiert. Auch in Absicht der poetischen Komposition gewährt dieses, der Hauptfigur angeborne Talent einen großen Vorteil, indem der als Repräsentant aller Schmeichler und Abhänglinge geschilderte, ein ganzes Geschlecht darstellende Mensch nunmehr als Individuum, als besonders bezeichnetes Wesen, als ein Rameau, als ein Neffe des großen Rameaus lebt und handelt.

Wie vortrefflich diese von Anfang angelegte Fäden ineinandergeschlungen sind, welche köstliche Abwechselung der Unterhaltung aus diesem Gewebe hervorgeht, wie das Ganze, trotz jener Allgemeinheit, womit ein Schuft einem ehrlichen Mann entgegengestellt ist, doch aus lauter wirklichen Pariser Elementen zusammengesetzt erscheint, mag der verständige Leser und Wiederleser selbst entdecken. Denn das Werk ist so glücklich aus- und durchgedacht als erfunden. Ja selbst die äußersten Gipfel der Frechheit, wohin wir ihm nicht folgen durften, erreicht es mit zweckmäßigem Bewußtsein. Möge dem Besitzer des französischen Originals gefallen, dem Publikum auch dieses baldigst mitzuteilen; als das klassische Werk eines abgeschiedenen bedeutenden Mannes mag alsdann sein Ganzes in völliger unberührter Gestalt hervortreten.

Eine Untersuchung, zu welcher Zeit das Werk wahrscheinlich geschrieben worden, möchte wohl hier nicht am unrechten Platze stehn. Von dem Lustspiele Palissots, "Die Philosophen", wird als von einem erst erschienenen oder erscheinenden Werke gesprochen. Dieses Stück wurde zum erstenmal den 2. Mai 1760 in Paris aufgeführt. Die Wirkung einer solchen öffentlichen persönlichen Satire mag auf Freunde und Feinde in der so lebhaften Stadt groß genug gewesen sein.

In Deutschland haben wir auch Fälle, wo Mißwollende, teils durch Flugschriften, teils vom Theater herab, andern zu schaden gedenken. Allein wer nicht von augenblicklicher Empfindlichkeit gereizt wird, darf die Sache nur ganz geruhig abwarten, und so ist in kurzer Zeit alles wieder im Gleise, als wäre nichts geschehen. In Deutschland haben sich vor der persönlichen Satire nur die Anmaßlichkeit und das Scheinverdienst zu fürchten. Alles Echte, es mag angefochten werden, wie es will, bleibt der Nation im Durchschnitt wert, und man wird den gesetzten Mann, wenn sich die Staubwolken verzogen haben, vor wie nach auf seinem Wege gewahr.

Hat also der Deutsche nur mit Ernst und Redlichkeit sein Verdienst zu steigern, wenn er von der Nation früher oder später begriffen sein will, so kann er dies auch um so gelassener abwarten, weil bei dem unzusammenhängenden Zustande unsres Vaterlandes jeder in seiner Stadt, in seinem Kreise, seinem Hause, seinem Zimmer ungestört fortleben und arbeiten kann, es mag draußen übrigens stürmen wie es will. Jedoch in Frankreich war es ganz anders. Der Franzose ist ein geselliger Mensch, er lebt und wirkt, er steht und fällt in Gesellschaft. Wie sollte es sich eine französische bedeutende Sozietät in Paris, an die sich so viele angeschlossen hatten, die von so wichtigem Einfluß war, wie sollte sie sich gefallen lassen, daß mehrere ihrer Glieder, ja sie selbst schimpflich ausgestellt und an dem Orte ihres Lebens und Wirkens lächerlich, verdächtig, verächtlich gemacht würde? Eine gewaltsame Gegenwirkung war von ihrer Seite zu erwarten.

Das Publikum, im ganzen genommen, ist nicht fähig, irgendein Talent zu beurteilen: denn die Grundsätze, wornach es geschehn kann, werden nicht mit uns geboren, der Zufall überliefert sie nicht, durch Übung und Studium allein können wir dazu gelangen; aber sittliche Handlungen zu beurteilen, dazu gibt jedem sein eigenes Gewissen den vollständigsten Maßstab, und jeder findet es behaglich, diesen nicht an sich selbst, sondern an einen andern anzulegen. Deshalb sieht man besonders Literatoren, die ihren Gegnern vor dem Publikum schaden wollen, ihnen moralische Mängel, Vergehungen, mutmaßliche Absichten und wahrscheinliche Folgen ihrer Handlungen vorwerfen. Der eigentliche Gesichtspunkt, was einer als talentvoller Mann dichtet oder sonst leistet, wird verruckt, und man zieht diesen zum Vorteile der Welt und der Menschen besonders Begabten vor den allgemeinen Richterstuhl der Sittlichkeit, vor welchen ihn eigentlich nur seine Frau und Kinder, seine Hausgenossen, allenfalls Mitbürger und Obrigkeit zu fodern hätten. Niemand gehört als sittlicher Mensch der Welt an. Diese schönen allgemeinen Foderungen mache jeder an sich selbst, was daran fehlt, berichtige er mit Gott und seinem Herzen, und von dem, was an ihm wahr und gut ist, überzeuge er seine Nächsten. Hingegen als das, wozu ihn die Natur besonders gebildet, als Mann von Kraft, Tätigkeit, Geist und Talent gehört er der Welt. Alles Vorzügliche kann nur für einen unendlichen Kreis arbeiten, und das nehme denn auch die Welt mit Dank an und bilde sich nicht ein, daß sie befugt sei, in irgendeinem andern Sinne zu Gericht zu sitzen.

Indessen kann man nicht leugnen, daß sich niemand gern des löblichen Wunsches erwehrt, zu großen Vorzügen des Geistes und Körpers auch Vorzüge der Seele und des Herzens gesellt zu finden; und dieser durchgängige Wunsch, wenn er auch so selten erfüllt wird, ist ein klarer Beweis von dem unablässigen Streben zu einem unteilbaren Ganzen, welches der menschlichen Natur als ihr schönstes Erbteil angeboren ist.

Dem sei nun, wie ihm wolle, so finden wir, indem wir zu unsern französischen Streitern zurückkehren, daß, wenn Palissot nichts versäumte, seine Gegner im moralischen Sinne herabzusetzen, Diderot in vorliegender Schrift alles anwendet, was Genie und Haß, was Kunst und Galle vermögen, um diesen Gegner als den verworfensten Sterblichen darzustellen.

Die Lebhaftigkeit, womit dieses geschieht, würde vermuten lassen, daß der Dialog in der ersten Hitze, nicht lange nach der Erscheinung des Lustspiels der "Philosophen" geschrieben worden, um so mehr, als noch von dem älteren Rameau darin als von einem lebenden, wirkenden Manne gesprochen wird, welcher 1764 gestorben ist. Hiermit trifft überein, daß der "Faux-Généreux" des Le Bret, dessen als eines mißratenen Stückes gedacht wird, im Jahre 1758 herausgekommen.

Spottschriften, wie die gegenwärtige, mögen damals vielfach erschienen sein, wie aus der Abbé Morellet "Vision de Charles Palissot" und andern erhellet. Sie sind nicht alle gedruckt worden, und auch das bedeutende Diderotische Werk ist lange im verborgenen geblieben.

Wir sind weit entfernt, Palissot für den Bösewicht zu halten, als der er im Dialog aufgestellt wird. Er hat sich als ein ganz wackrer Mann, selbst durch die Revolution durch, erhalten, lebt wahrscheinlich noch und scherzt in seinen kritischen Schriften, in denen sich der gute, durch eine lange Reihe von Jahren ausgebildete Kopf nicht verkennen läßt, selbst über das schreckliche Fratzenbild, das seine Widersacher von ihm aufzustellen bemüht gewesen.

Tencin (Madame de)

Bei der geselligen Natur der Franzosen mußten die Frauen bald ein großes Übergewicht in der Sozietät erhalten, indem sie doch immer als Präsidentinnen anzusehen sind, die, bei der Leidenschaftlichkeit und Einseitigkeit der Männer, durch einen gewissen allgemeinen Ton des Anstandes und der Duldung einer Zusammenkunft von bedeutenden Menschen Haltung und Dauer zu geben wissen.

Madame de Tencin ist eigentlich die Stifterin der neuern Pariser Gesellschaften, welche sich unter den Augen merkwürdiger Frauen versammelten.

Im geselligen und tätigen Leben entwickelte sie die größten Vorzüge; sie verbarg unter der äußern unscheinbaren Hülle einer gutmütigen Gevatterin die tiefste Menschenkenntnis und das größte Geschick in weltlichen Dingen zu wirken. Diderot legt kein geringes Zeugnis ihrer Verdienste ab, indem er sie unter den größten Geistern mit aufzählt. Eine genauere Schilderung ihrer und ihrer Nachfolgerinnen, Madame Geoffrin, des Essarts, du Deffand, Mademoiselle de l'Espinasse, würde einen schönen Beitrag zur Menschen- und besonders zur Franzosen-Kenntnis geben. Marmontel hat in seinen "Mémoires" hierzu sehr viel geleistet.

Tencin (Kardinal)

Geb. 1679. Starb im 80. Jahr

Er stand mit Law in Verbindung, ward Minister, wie man behauptet, durch die Geschicklichkeit seiner Schwester und ließ seine Geistesfähigkeiten in zweideutigem Rufe, als er sich zurückzog. Diderot scheint unter die zu gehören, die günstig von ihm urteilen.

Trublet (Abbé)

Geb. zu St. Malo 1697. Gest. 1770

Fontenelle und La Motte, zwei Männer von Talent und Geist, jedoch mehr zur Prosa als zur Poesie geneigt, gedachten die erstere auf Kosten der letztern zu erheben und konnten doch immer eine Zeitlang den Teil des Publikums, der sich selbst äußerst prosaisch fühlt, sowenig er auch die Poesie entbehren kann, für ihre Meinung gewinnen.

Der Abbé Trublet, ein Mann von einigen literarischen Verdiensten, schlug sich auf ihre Seite und brachte überhaupt sein Leben in Beschauung und Anbetung dieser beiden Männer zu. Er hatte viel von Voltaires feindseligem Mutwillen zu leiden, gelangte aber doch, nach fünfundzwanzigjährigem Harren, obgleich anerkannt mittelmäßig, zu dem Glück, durch Begünstigung des Hofes in die Akademie aufgenommen zu werden.

Voltaire

Geb. 1694. Gest. 1778

Wenn Familien sich lange erhalten, so kann man bemerken, daß die Natur endlich ein Individuum hervorbringt, das die Eigenschaften seiner sämtlichen Ahnherren in sich begreift, und alle bisher vereinzelten und angedeuteten Anlagen vereinigt und vollkommen ausspricht. Ebenso geht es mit Nationen, deren sämtliche Verdienste sich wohl einmal, wenn es glückt, in einem Individuum aussprechen. So entstand in Ludwig dem XIV. ein französischer König im höchsten Sinne, und ebenso in Voltairen der höchste unter den Franzosen denkbare, der Nation gemäßeste Schriftsteller.

Die Eigenschaften sind mannigfaltig, die man von einem geistvollen Manne fodert, die man an ihm bewundert, und die Foderungen der Franzosen sind hierin, wo nicht größer, doch mannigfaltiger als die andrer Nationen. Wir setzen den bezeichneten Maßstab, vielleicht nicht ganz vollständig und freilich nicht methodisch genug gereiht, zu heiterer Übersicht hieher. Tiefe, Genie, Anschauung, Erhabenheit, Naturell, Talent, Verdienst, Adel, Geist, schöner Geist, guter Geist, Gefühl, Sensibilität, Geschmack, guter Geschmack, Verstand, Richtigkeit, Schickliches, Ton, guter Ton, Hofton, Mannigfaltigkeit, Fülle, Reichtum, Fruchtbarkeit, Wärme, Magie, Anmut, Grazie, Gefälligkeit, Leichtigkeit, Lebhaftigkeit, Feinheit, Brillantes, Saillantes, Petillantes, Pikantes, Delikates, Ingenioses, Stil, Versifikation, Harmonie, Reinheit, Korrektion, Eleganz, Vollendung.

Von allen diesen Eigenschaften und Geistesäußerungen kann man vielleicht Voltairen nur die erste und die letzte, die Tiefe in der Anlage und die Vollendung in der Ausführung, streitig machen. Alles was übrigens von Fähigkeiten und Fertigkeiten auf eine glänzende Weise die Breite der Welt ausfüllt, hat er besessen und dadurch seinen Ruhm über die Erde ausgedehnt.

Es ist sehr merkwürdig, zu beobachten, bei welcher Gelegenheit die Franzosen in ihrer Sprache, statt jener von uns verzeichneten Worte, ähnliche oder gleichbedeutende gebrauchen und in diesem oder jenem Falle anwenden. Eine historische Darstellung der französischen Ästhetik von einem Deutschen wäre daher höchst interessant, und wir würden auf diesem Wege vielleicht einige Standpunkte gewinnen, um gewisse Regionen deutscher Art und Kunst, in welchen noch viel Verwirrung herrscht, zu übersehen und zu beurteilen, und eine allgemeine deutsche Ästhetik, die jetzt noch so sehr an Einseitigkeiten leidet, vorzubereiten.

Nachträgliches zu "Rameaus Neffe" (...)

Nachdem die französische Übersetzung des Diderotischen Dialogs erschienen war, fing man an zu zweifeln, ob dieser Neffe Rameaus jemals existiert habe. Glücklicherweise fand man in Merciers "Tableau de Paris" eine Stelle, welche sein Dasein außer Zweifel stellt und sowohl vom Oheim als vom Neffen charakteristische Züge mitteilt. Auch diese fügen wir übersetzt hier bei, es ist Mercier, der spricht:

"Ich habe in meiner Jugend den Musikus Rameau gekannt; es war ein großer Mann, trocken und mager, eingeschrumpften Unterleibs, der, gebückt wie er war, im Palais Royal spazierenging, die Hände auf dem Rücken verschränkt, um sich ins Gleichgewicht zu setzen.

Er hatte eine lange Nase, ein spitzes Kinn, Flöten statt der Beine, eine rauhe Stimme; schien von verdrießlicher Laune und, nach Art der Poeten, salbaderte er über seine Kunst.

Damals hieß es: alle musikalische Harmonie sei in seinem Kopfe. Ich ging in die Oper, und Rameaus Opern, einige Symphonien abgerechnet, machten mir gewaltige Langeweile, und da alle Welt sagte, in der Musik könne man nicht weiter, glaubt ich dieser Kunst abgestorben zu sein und betrübte mich innerlich. Da kamen aber Gluck, Piccini, Sacchini und erweckten, im innern Grunde meiner Seele, die verdumpften oder nicht angeregten Fähigkeiten. Ich begriff nichts von Rameaus großem Ruf, und es wollte mir nachher scheinen, als hätte ich damals nicht so großes Unrecht gehabt.

Ich kannte seinen Neffen, halb geistlich, halb weltlich, er lebte in den Kaffees und führte alle Wunder der Tapferkeit, alle Wirkungen des Genies, alle Opfer des Heldentums, genug alles was nur Großes in der Welt geschehen mochte, auf ein kräftiges Kauen zurück. Ihn zu hören, hatte jenes alles keinen andern Zweck, keinen andern Erfolg als etwas unter die Zähne zu bringen.

Er predigte diese Lehre mit ausdrucksvoller Gebärde und einer sehr malerischen Bewegung seiner Kinnladen. Sprach man von einem schönen Gedicht, einer großen Handlung, einem neuen Gesetz, so erwiderte er: "Vom Marschall von Frankreich an bis zum Seifensieder, von Voltaire bis zu Chabanon, das alles rührt sich nur, um etwas in den Mund zu stecken und die Gesetze der Mastikation zu erfüllen."

Eines Tags sagt' er mir gesprächsweise: "Mein Onkel, der Musikus, ist ein großer Mann, aber mein Vater, erst Soldat, dann Violinist, dann Kaufmann, dieser war noch größer; Ihr sollt selbst urteilen, er wußte etwas zwischen die Zähne zu bringen. In meines Vaters Hause lebte ich sehr unbesorgt, denn ich war niemals neugierig genug, um der Zukunft aufzupassen. Zweiundzwanzig Jahre hatt ich hinter mir, als der Vater zu mir ins Zimmer trat und sagte: Wie lange willst du so fortleben, nichtswürdiger Taugenichts? Seit zwei Jahren erwart ich dich tätig zu sehen; weißt du, daß ich, zwanzig Jahre alt, schon gehangen war und eine Versorgung hatte? – Nach meiner muntern Natur antwortete ich meinem Vater: Gehangen ist man wohl versorgt, aber wie hing man Euch auf und seid doch noch mein Vater?

Höre, sagt' er, ich war Soldat und marodierte, der Großprofos erwischte mich, ließ mich an einen Baum befestigen, ein kleiner Regen hinderte den Strick zu gleiten, wie sich's gehört oder vielmehr wie sich's nicht gehört, der Steffchen hatte mir mein Hemd gelassen, weil es zerrissen war, Husaren ritten vorbei und nahmen mir das Hemd auch nicht, weil es nichts taugte; aber mit einem Säbelhieb zerschnitten sie meinen Strick, ich fiel auf die Erde, sie war feucht, und die Feuchtigkeit rief meine Geister zurück. Da lief ich im Hemd ins nächste Dorf, trat ins Wirtshaus und sagte zur Frau: Erschreckt nicht, mich im Hemde zu sehen, mein Gepäck ist hinter mir; davon hernach! – Jetzt aber verlang ich nur Feder, Tinte, vier Blätter Papier, Brot für einen Sou und einen Schoppen Wein. – Wahrscheinlich hatte mein zerlöchertes Hemd die Wirtin zum Mitleiden bewogen, ich schrieb auf die vier Blätter: "Heute großes Schauspiel, durch den berühmten Italiener aufgeführt, zu sechs Sous die ersten Plätze, die zweiten zu drei, jedermann wird eingelassen, wenn er bezahlt." Ich verschanzte mich hinter einen Teppich, borgte eine Violine, schnitt mein Hemd in Stücke, machte fünf Puppen daraus und bemalte sie mit Tinte und ein wenig von meinem Blut. Da bin ich nun, meine Puppen wechselweise reden zu lassen; dazu sang ich und strich die Geige hinter dem Teppich.

Zum Präludium hatte ich aus meinem Instrument gar wunderliche Töne gezogen. Die Zuschauer drängten sich herbei, der Saal war voll, der Geruch aus der nahen Küche gab mir neue Kräfte; der Hunger, der ehemals Horazen begeisterte, begeisterte deinen Vater; eine ganze Woche lang gab ich täglich zwei Vorstellungen, jedesmal auf dem Zettel "ohne Unterbrechung"; da ging ich aus der Schenke mit einem Reisesack, drei Hemden, Schuhen, Strümpfen und Geld genug, um die Grenze zu erreichen. Eine kleine Rauhigkeit des Halses, durch die Hängerei verursacht, war völlig verschwunden, so daß man in der Fremde meine wohlklingende Stimme bewunderte. Du siehst, daß ich mich im zwanzigsten Jahre schon hervorgetan und eine Versorgung erlangt hatte; du bist zweiundzwanzig, hast ein neues Hemd auf dem Leibe, das sind zwölf Franken, pack dich aus dem Hause!

So verabschiedete mich mein Vater, und gesteht! von da auszugehen, war es etwas weiter, als daß man hätte zu "Dardanus" oder "Kastor und Pollux" gelangen sollen. Seit der Zeit seh ich alle Menschen ihre Hemden nach eignem Sinn und Fähigkeit zuschneiden, öffentlich Marionetten spielen und das alles nur, um den Mund zu füllen. Nach meiner Überzeugung ist die Mastikation der wahre Endzweck aller der seltensten Dinge dieser Welt."

Eben dieser Neffe Rameaus hatte an seinem Hochzeitstage alle Leiermädchen, jede zu einem Taler, gemietet; in deren Mitte trat er auf, seine Braut unterm Arm: "Ihr seid die Tugend selbst", sprach er, "aber ich wollte sie durch die Schatten, die Euch umgeben, noch mehr heraussetzen.""

Diese Unterredung Merciers mit dem Neffen Rameaus hat vollkommen den Charakter des Gespräches, welches Diderot mit diesem Original durchführte; die beiden Maler haben sich nicht verabredet und eine solche Ähnlichkeit zeugt unwidersprechlich, daß hier nicht von einer erfundenen Persönlichkeit die Rede sei, sondern von einem sehr wirklichen Wesen, von welchem beide das Porträt nach der Natur genommen haben.